Marcus Tullius Cicero, Karl Halm

Ciceros Rede für L. Murena

Marcus Tullius Cicero, Karl Halm

Ciceros Rede für L. Murena

ISBN/EAN: 9783744617499

Hergestellt in Europa, USA, Kanada, Australien, Japan

Cover: Foto ©ninafisch / pixelio.de

Weitere Bücher finden Sie auf **www.hansebooks.com**

CICEROS
AUSGEWÆHLTE REDEN.

ERKLÆRT

VON

KARL HALM.

VII. BÆNDCHEN.
DIE REDE FÜR L. MURENA.

ZWEITE, VIELFACH VERBESSERTE AUFLAGE.

BERLIN,
WEIDMANNSCHE BUCHHANDLUNG
1872.

CICEROS

REDE FÜR L. MURENA.

ERKLÆRT

VON

KARL HALM.

ZWEITE, VIELFACH VERBESSERTE AUFLAGE.

BERLIN,
WEIDMANNSCHE BUCHHANDLUNG.
1872.

VORREDE.

Ich habe mich früher nicht entschliessen können auch die
Rede für Murena, wie sehr sie auch durch ihre rhetorischen Vor-
züge zu einer Bearbeitung einlud, in meine Sammlung ausgewähl-
ter Reden Ciceros aufzunehmen, weil der schlimme Zustand des
überlieferten Textes fast unüberwindliche Schwierigkeiten einer
Bearbeitung für die Schule zu bieten schien.
Aber inzwischen ist die kritische Behandlung der Rede in
ein neues Stadium getreten. Durch die Veröffentlichung des La-
gomarsinischen Apparats in der Ausgabe von A. W. Zumpt sind
zwar wesentliche Verbesserungen verderbter Stellen nicht zu
Tage gekommen, auch überhaupt nur wenige neue Lesarten,
aber es liess sich jetzt mit ziemlicher Sicherheit erkennen, welche
Umgestaltungen das eine Poggianische Exemplar, auf das alle
Abschriften zurückgehen, sei es durch Emendationsversuche ita-
lienischer Gelehrten oder durch die Nachlässigkeit und Unwis-
senheit der Abschreiber im XV. Jahrhundert erfahren hat. Was
für Handschriften der von Poggio nach Italien gebrachten Ab-
schrift am nächsten stehen, glaube ich in meiner Abhandlung in
den Sitzungsberichten der hiesigen Academie (1861 I, Heft 4)
richtig nachgewiesen zu haben. Durch diese Feststellung ist für
die Verbesserung der Rede, deren Text durch Interpolationen,
Lücken und andere Verderbnisse aller Art ganz ungemein gelitten
hat, wenigstens eine festere Grundlage gewonnen worden. Des
neuen Stoffes haben sich verschiedene deutsche und holländische
Kritiker bemächtigt; durch ihre vereinten Bemühungen sind

manche der zahllosen Schäden des Textes geheilt worden, in welcher Hinsicht in wenigen Jahren mehr geschehen ist als in der ganzen früheren Zeit. Unter diesen Umständen habe ich jetzt kein Bedenken mehr getragen, der Einladung der Verlagshandlung Folge zu leisten und eine neue Bearbeitung der von Tischer besorgten Ausgabe zu unternehmen. Im Laufe der Arbeit ergab sich jedoch bald die Nothwendigkeit einer so durchgreifenden Umgestaltung der früheren Bearbeitung, wobei die gründliche Recension der Tischerschen Ausgabe von S o r o f besten Vorschub leistete, dass ich mich wohl berechtigt glaubte den Namen des ersten Herausgebers ganz zu beseitigen. Solche die mit dem Stande der Kritik der Rede bekannt sind, werden zugeben, dass ihre Bearbeitung für die Schule mit nicht geringen Schwierigkeiten verknüpft ist; nicht wenige arg verderbte Stellen setzten in Verlegenheit, welche von den verschiedenen Emendationsversuchen in den Text aufzunehmen seien; überhaupt liess sich das Geschäft der Textesrecension nicht ohne eine gewisse Kühnheit abthun, wollte man nicht zu viele Verstösse gegen Sinn und Ausdruck unberührt lassen; im Ganzen jedoch glaube ich einen solchen Text hergestellt zu haben, dass die Rede für die Schule gut leserlich geworden ist. Kann ein anderer die Sache besser machen, so werde ich der erste sein, der ihm vollen Beifall zollen wird.

Tischer hat ausser der Rede für Murena auch noch die über die consularischen Provinzen bearbeitet, was ich als einen pädagogischen Missgriff betrachte, den nachzuahmen ich nicht über mich gewinnen konnte.

Bei der neuen Auflage wurden die kritischen Beiträge von J. F. C. Campe (Jahrb. für classische Philol. 1866, 179 ff.), Muther's eingehende Recension der Ausgabe von Adolf Koch (Zeitschr. für das Gymnasialwesen 1868, 108 ff.) und sonstige in Zeitschriften zerstreute Beiträge mit aller Sorgfalt benützt.

München im August 1865 und im April 1872.

Dr. KARL HALM.

CICEROS REDE
FÜR L. MURENA.

EINLEITUNG.

Was wir von den Lebensverhältnissen des L. Licinius Murena wissen, beruht fast ausschliesslich auf den Nachrichten, die uns sein Vertheidiger Cicero erhalten hat. Das plebejische Geschlecht der Murenae stammte aus Lanuvium und gehörte zur jüngeren Nobilität ¹): sie zählten noch keinen Consularen in ihren Reihen; erst der Aeltervater und Grossvater unseres Lucius hatten es zur Prätur gebracht. ²) Der berühmteste des Geschlechts war der Vater, gleichfalls mit dem Vornamen Lucius, der, nachdem er die Prätur verwaltet hatte, als Sulla's Legat mit Auszeichnung in Griechenland und Asien diente und von diesem nach dem Friedensschlusse mit Mithridates mit dem Commando der in Asien zurückgelassenen Legionen betraut wurde. In dieser Stellung gerieth Murena mit Mithridates in neue Verwicklungen ³); seine Erfolge waren nicht bedeutend und giengen durch eine empfindliche Niederlage, die er beim Ueberschreiten des Halys erlitt, wieder verloren. Den Feindseligkeiten machte Sulla durch Murenas Abberufung ein Ende, gewährte ihm aber die Ehre eines Triumphes ⁴), als hätte er in Asien bedeutende Erfolge errungen. In diesem Kriege, den man gewöhnlich den zweiten Mithridatischen nennt, machte der Sohn unter dem Commando seines Vaters sein militärisches Tirocinium ⁵). Wie seine Ankläger behaupteten, genoss der junge Officier weidlich das üppige Leben in Asien ⁶) und verletzte die römische Würde sogar so weit, dass er unter seinen lockeren Jugendgenossen auch als pantomimischer Tänzer glänzte ⁷), Beschuldigungen die freilich sein Vertheidiger als völlig unbegründet hinstellt.

Von Asien zurückgekehrt bewarb sich L. Murena mit Ser.

¹) Cic. p. Mur. § 15: *ampla et honesta familia plebeia.* ²) ib. § 15. ³) c. 15 § 32; vgl. Mommsen R. G. II, 338 (3). ⁴) §§ 11. 15. ⁵) § 11. ⁶) § 11 sq. ⁷) § 13.

3 Sulpicius, seinem späteren Ankläger und Mitbewerber für das
Consulat, um die Quästur, fand jedoch bei der Verwaltung des
Amtes keine Gelegenheit sich besonders hervorzuthun [8]). Der
Wiederausbruch des Kriegs mit Mithridates führte Murena von
neuem nach Asien zum Heere des L. Lucullus [9]). Von den
grossen Diensten, die er als Legat in dem siegreichen Feldzug
leistete, gaben die amtlichen Berichte des Oberfeldherrn rühm-
liches Zeugniss.

4 Ohne die Aedilität bekleidet zu haben [10]), erlangte Murena
im J. 65 die Prätur, bei der er wieder den Ser. Sulpicius zum
Amtsgenossen hatte [11]), aber durch die Entscheidung des Looses
besser als dieser begünstigt worden war. Denn während er
selbst die Handhabung der *iuris dictio urbana* erlangt hatte, war
dem Sulpicius das verdriessliche Geschäft der Vorstandschaft in
den Untersuchungen *de peculatu* zugefallen [12]). Schon damals
von dem Wunsche beseelt, in seine Familie das höchste Ehren-
amt, das Consulat zu bringen, feierte Murena die apollinarischen
Spiele, deren Leitung dem *praetor urbanus* zustand, mit um so
grösserer Pracht [13]), als er durch die Umgehung der Aedilität
keine Gelegenheit gefunden hatte sich durch glänzende Spiele
der Volksgunst zu versichern. Nach der Prätur übernahm er
im J. 64 als Proprätor die Verwaltung der Provinz *Gallia
Transalpina* [14]), aus der er vor Ablauf des zweiten Jahres, nachdem er seinen Bruder und Legaten Gaius Murena als Amtsver-
weser zurückgelassen hatte [15]), nach Rom zurückkehrte, um
sich um das Consulat zu bewerben.

5 Ausser Murena waren als Bewerber L. S e r g i u s C a t i l i n a,
D. I u n i u s S i l a n u s und S e r. S u l p i c i u s R u f u s [16]), der berühmteste Rechtsgelehrte seiner Zeit, aufgetreten. Da es ruchbar
geworden war, dass Catilina's Mitverschworene beschlossen hatten, dessen Wahl mit Gewalt durchzusetzen und den wahlleiten-
den Consul und seine Mitbewerber niederzumachen, wurde die
auf den 22. September anberaumte Wahl vertagt [17]), welche

---

[8]) § 18. [9]) § 20. [10]) daher heisst es § 37: *duae res vehementer in praetura* (i. e. in praeturae petitione) *desideratae sunt . . una,
exspectatio muneris* etc. [11]) § 35 ff. [12]) c. 20. [13]) § 37
u. E. c. 19, § 38. [14]) § 42. [15]) § 89. Von C. Murena erwähnt
Sallustius Cat. 42, dass er als Verweser der Provinz mehrere Sendlinge
Catilina's verhaftete: *item in ulteriore Gallia C. Murena* (complures in vin-
cula coniecit), *qui ei provinciae legatus praeerat.* [16]) Er gelangte
erst im J. 51 zum Consulat: in seiner politischen Laufbahn zeigte er sich
ehrenwerth, aber von geringer Entschlossenheit. [17]) § 51. s. Lange,
Röm. Alterth. III, 241.

Zwischenzeit der Consul Cicero benutzte, um sich aus jüngeren Männern eine starke Bedeckung zu bilden, unter deren Schutz die Wahl (etwa Anfangs October) ohne Störung vor sich gieng [18]). Sie entschied für L. Murena und D. Silanus.

Nach dieser neuen Demüthigung (denn auch frühere Versuche Catilina's zum Consulat zu gelangen waren gescheitert) konnte sich Catilina nicht länger in Rom halten, sondern begab sich am 8. Nov. nach Etrurien, wo sein Anhänger Gaius Manlius bereits am 27. Oct. die Fahne der offenen Empörung aufgepflanzt hatte. Sulpicius hingegen beschloss sich für seine Zurücksetzung durch eine Anklage gegen Murena *de ambitu* zu rächen, da er seinem Gegner durch Geburt und Verdienste überlegen zu sein glaubte [19]), und im Falle seiner Verurtheilung alle Chancen für sich hatte, an dessen Stelle zum Consul gewählt zu werden. Dass er nicht auch des Silanus Wahl anfocht, geschah vielleicht aus Rücksicht gegen den designirten Volkstribunen M. P o r c i u s C a t o, der sich dem Sulpicius nebst dem Ritter P o s t u m u s und einem jüngeren S e r. S u l p i c i u s als Mitankläger (*subscriptor*) angeschlossen hatte; denn Silanus war ein Schwager des Cato. Dass aber auch seine Wahl, ebenso wie die des Murena, durch Geld erkauft war, lässt sich aus einer Andeutung bei Plutarch mit ziemlicher Sicherheit schliessen [20]).

Die Klage lautete *de ambitu* [21]), wegen gesetzwidriger oder unrechtmässiger Bewerbung, wozu vor allem Bestechung (*largitio*) gehörte. Das Uebel durch schlechte Mittel zu Aemtern zu gelangen hatte erst in den zwei letzten Jahrhunderten der Republik um sich gegriffen. Ob jedoch schon in der *lex Cornelia Baebia* vom J. 181 *largitio* verpönt war, lässt sich bei dem wenigen, was wir von dieser Lex wissen, nicht ermitteln. Von den späteren Gesetzen ist besonders die *lex Calpurnia de ambitu* vom J. 67 zu erwähnen, die in unserer Rede *severissime scripta*

---

[18]) § 52. [19]) §§ 18 ff. [20]) v. Cat. 21: Ἀποδειχθεὶς δὲ δήμαρχος σὺν ἑτέροις καὶ τῷ Μετέλλῳ τὰς ὑπατικὰς ἀρχαιρεσίας ὁρῶν ὠνίους οὔσας ἐπετίμησε τῷ δήμῳ καὶ καταπαύων τὸν λόγον ἐπώμοσε τοῦ δόντος ἀργύριον, ὅστις ἂν ᾖ, κατηγορήσειν, ἕνα Σιλανὸν ὑπεξελόμενος δι᾽ οἰκειότητα· Σερβιλίαν γὰρ ἀδελφὴν Κάτωνος ὁ Σιλανὸς εἶχε. Διὸ τοῦτον μὲν παρῆκε, Λεύκιον δὲ Μουρῆναν ἐδίωκεν ἀργυρίῳ διαπραξάμενον ἄρχοντα μετὰ τοῦ Σιλανοῦ γενέσθαι. [21]) *ambitus* (von *ambire*) bezeichnet seiner Grundbedeutung nach das Herumgehen der Candidaten auf dem Forum und Marsfeld, um die Stimmen von Bürgern zu einer Wahl zu erlangen, und heisst dann überhaupt 'Amtsbewerbung', weil in diesem Act der Haupttheil einer Bewerbung enthalten war. Erst später knüpfte sich an das Wort der schlimme Sinn widerrechtlicher Bewerbung an.

heisst [22]), weil in ihr die früheren Bestimmungen über Amtserschleichung bedeutend geschärft waren. Sie hatte als Strafe ausser einer Geldbusse Verlust des Rechtes zu jeder weiteren Bewerbung und des Sitzes im Senat festgesetzt [23]); ausserdem scheint sie zuerst Strafen gegen die *divisores*, welche die Austheilung der an die Abstimmenden verheissenen Geldsummen innerhalb der einzelnen Tribus besorgten, verordnet zu haben [24]).

8 Die unerhörte Frechheit, mit der Catilina und C. Antonius ihre Wahl für das J. 63 betrieben, veranlasste den Senat kurz vor den Comitien zu dem Beschlusse, es solle eine neue *lex ambitus* mit verstärktem Strafmass eingebracht werden [25]), wogegen jedoch der Volkstribun Q. Mucius Orestinus Einsprache einlegte [26]). Was damals nicht durchgieng, wurde ein Jahr später unter Cicero's Consulat durchgesetzt. Die Initiative zur neuen *lex Tullia*, bei deren Durchführung Cicero besonders auch von Ser. Sulpicius eifrig unterstützt wurde [27]), gieng wieder vom Senat aus, dessen Beschluss sodann vom Volke genehmigt wurde. Sie war eine Ergänzung der *lex Calpurnia*, deren Bestimmungen sowohl in Bezug auf die Zahl der verpönten Handlungen als auf die Bestrafung der Verurtheilten bedeutend geschärft wurden.

9 Einen Theil der Vorschriften der lex Tullia über verbotene Handlungen theilt Cicero selbst § 67 mit, wonach es verboten war, dass den Candidaten um Lohn gedungene Leute entgegen giengen, dass gemiethetes Gefolge sie beim Ambitus begleitete [28]),

[22]) § 46.   [23]) 'Schol. Bob. ad Cic. p. Sulla c. 5 p. 361: *Superioribus temporibus damnati lege Cornelia hoc genus poenae ferebant, ut magistratuum petitione per decem annos abstinerent. Aliquanto postea severior lex Calpurnia et pecunia multavit et in perpetuum honoribus iussit carere damnatos, habebant tamen licentiam Romae morandi.*
[24]) Asconius in or. Cornel. p. 75: *C.* (Calpurnius) *Piso . . cum legem de ambitu ex senatus consulto graviorem quam fuerat ante ferret et propter multitudinem divisorum, qui per vim adversabantur, e foro eiectus esset, edixerat 'qui rem p. salvam vellent, ut ad legem accipiendam adessent', et maiore manu stipatus ad legem perferendam descenderat.*   [25]) Ascon. ad or. de toga cand. p. 83: *Cum in dies licentia ambitus augeretur propter praecipuam Catilinae et Antonii audaciam, censuerat senatus ut lex ambitus aucta etiam cum poena ferretur.*   [26]) Gewöhnlich bezieht man auf diesen Senatsbeschluss die Worte der Rede § 71: *senatus consulto, quod est L. Caesare consule* (im J. 64) *factum, restiterunt* (tenuiores). Allein da es heisst *quod est factum*, also von einem durchgegangenen Senatsconsult die Rede ist, so kann jenes nicht gemeint sein, dem Q. Mucius intercedirt hat. Von dem hier bei Cic. erwähnten SCtum ist weiter nichts bekannt, nur ergibt sich aus dem Zusammenhang, dass es sich auch wie die *lex Fabia* auf die *sectatores* bezogen hat.   [27]) c. 23.   [28]) Dass Candidaten auf das Forum und Marsfeld von Verwandten und Freunden (Nachbarn, Tribus- und Sodalitätsgenossen, Municipalen, Clienten etc.)

dass bei Gladiatorenspielen den einzelnen Tribus [29]) unentgeltliche Schauplätze eingeräumt und das Volk in Masse frei bewirthet würde. Als eine weitere Schärfung früherer Verordnungen wird § 47 *poena gravior in plebem* bezeichnet, d. h. gegen alle bei einer Bestechung betheiligten Leute aus den geringeren Volksklassen [30]). Worin diese Strafe bestanden hat, ist unbekannt, wahrscheinlich in einer Geldstrafe, wohl kaum, wie man auch vermuthet hat, in zeitweiliger Entziehung des Stimmrechts. Für die Verurtheilten kam zu den Strafen der lex Calpurnia noch die des Exils auf zehn Jahre hinzu [31]). Auch wurde festgesetzt, dass wenn ein Beklagter *de ambitu* die Entschuldigung einlege, dass er wegen Krankheit am anberaumten Termine nicht erscheinen könne, darum der Process keinen Aufschub erleiden solle, sondern auch in Abwesenheit des Beklagten durchzuführen sei [32]). Ser. Sulpicius wünschte noch mehr, eine *confusio suffragiorum*, wie sich Cicero etwas herbe ausdrückt, d. h. eine Abstimmung bei den Wahlen nicht nach Tribus und Centurien, sondern nach Köpfen, damit der Einfluss der in ihren Tribus mächtigen Leute gebrochen werde [33]). Ferner verlangte er bei einem Process *de ambitu* die Einsetzung von *iudices editicii*, die der Ankläger einseitig sollte bestimmen dürfen [34]). Beide Vorschläge jedoch wurden vom Senat abgelehnt.

begleitet wurden, war allgemeine Sitte und erlaubt; je grösser deren Zahl, desto bessere Aussichten schien ein Bewerber zu haben. Am ehrenvollsten war die Begleitung von vornehmen Männern aus dem Senatoren- und Ritterstand, denen man aber freilich nicht zumuthen konnte, dem Candidaten auf allen Schritten und Wegen zu folgen; vgl. § 70.
[29]) Es war nicht verpönt an Freunde und Tribusgenossen (*tribules*) Freiplätze zu vertheilen, aber *tributim*, d. h. an ganze Tribus oder an alle Mitglieder einer Tribus, die davon Gebrauch machen wollten. Bei Spenden jeder Art an das Volk fand die Vertheilung durch die einzelnen Tribus statt. [30]) Mommsen de collegiis p. 45 n. 13 bezieht die Stelle blos auf die *divisores*. [31]) § 47: *exilium in nostrum ordinem*, s. auch § 89. Cassius Dio 37, 29: ἔδοξε τῇ βουλῇ . . δέκα ἐτῶν φυγήν, τοῦ Κικέρωνος ἐς τὰ μάλιστα ἐνάγοντος, τοῖς ἐπιτιμίοις τοῖς ἐπὶ τῷ δεκασμῷ τεταγμένοις προσνομοθετῆσαι. [32]) § 47: *morbi excusationi poena addita est*. So wie es scheint, ist hier von keiner besonderen Strafe die Rede; sie bestand eben darin, dass, wenn einer leidend vor Gericht erschien, er seine Gesundheit riskierte, oder dass bei einem Nichterscheinen leichter eine Verurtheilung erfolgen konnte. [33]) daher heisst es § 47: *graviter homines honesti atque in suis vicinitatibus et municipiis gratiosi tulerunt* etc. Da der Vorschlag des Sulpicius bei der Berathung über eine neue *lex de ambitu* aufgetaucht ist, so hat die Vermuthung viele Wahrscheinlichkeit, dass sich derselbe nicht auf Wahlen überhaupt bezogen habe, sondern nur auf Nachwahlen bei Verurtheilung von designirten Magistraten. [34]) Das Nähere hierüber wissen wir aus der or. p. Plancio

Die Verhandlung der auf Grund der lex Tullia gegen Murena eingebrachten Klage fiel in die zweite Hälfte des Monats November des J. 63, in eine Zeit, wo Catilina bereits Rom verlassen hatte, aber die übrigen in Rom zurückgebliebenen Häupter der Verschwörung noch nicht zur Haft gebracht waren. Wie es Sitte war, unterstützten den Angeklagten durch ihre Anwesenheit vor Gericht mehrere bedeutende Männer, unter denen L. Lucullus vor allen hervorragte [35]). Die eigentliche Vertheidigung führten ausser Cicero der berühmte Redner Q. Hortensius und ein anderes Glied der gens Licinia, der einflussreiche M. Crassus. Wie es in der Regel der Fall war, wenn Cicero eine Vertheidigung mit mehreren theilte, so sprach er auch damals an letzter Stelle [36]). Er überliess es seinen Vorrednern die einzelnen Klagepunkte im Detail zu beleuchten; er selbst fasste mehr die politische Seite des Processes ins Auge [37]), die auch die günstigsten Chancen für die Vertheidigung darbot. Denn wenn es auch als unverkennbar erscheint, dass sich Murena der durch das Gesetz verpönten Handlungen schuldig gemacht hatte, so lag doch in der damaligen politischen Lage eine grössere Gefahr für die Republik in der Verurtheilung des Murena als in der ungeahndeten Uebertretung der Gesetze über die Wahlordnung. Denn es stand zu befürchten, dass eine neue Wahl zu eben so stürmischen Scenen führen könnte als im September beabsichtigt waren. Die schiefe Stellung, in die sich die Ankläger versetzt hatten, wusste Cicero trefflich auszubeuten und bekämpfte sie mit allen Waffen des Witzes. In ruhigen Zeiten konnte man von der Führung des Consulats in den Händen des rechtskundigen und ehrenwerthen Ser. Sulpicius die besten Erwartungen hegen; dass er sich hinreissen liess, gegen seine Verdienste die eines Kriegsmanns in Schatten zu stellen, war in der damaligen Zeit ein politischer Missgriff, der unseren Redner zu dem harmlosen Ausfall auf den Formelkram der Juristen wohl berechtigt hat [38]). Es war keine Frage, dass in

---

§ 41, wornach der Vorschlag des Sulp. dahin gieng, dass der Kläger aus dem *album iudicum* 125 Richter aus der Zahl der Ritter und Aerartribunen (also mit Ausschluss der senatorischen Decurie) angeben (*edere*) solle, aus denen es dem Beklagten erlaubt sein sollte, 75 zu verwerfen.
[35]) § 20; vgl. auch § 10.   [36]) § 48.   [37]) s. c. 24 und c. 37 ff.
[38]) Vgl. Niebuhr's Vortr. üb. Röm. Gesch. 3, 25: 'Die Rede für Murena zeigt die innere stille Freude, in der er gleich nach seinem Siege eine Zeitlang glücklich war; sie ist gar nicht gehörig gewürdigt, namentlich nicht von Juristen, die sich zu irrenden Rittern des grossen Rechtsgelehrten Servius Sulpicius aufgeworfen haben. Man bedenkt nicht die Gemüthsstimmung des Redenden, sondern fühlt sich in kleinen Aeusserungen beleidigt.

einer Zeit, wo die bewaffnete Empörung noch nicht zu Boden geschlagen war, ein Mann, der ein bewegtes Leben geführt und mehrere Feldzüge mitgemacht hatte, als Consul besser am Platze schien als ein Rechtsgelehrter von minder reicher Lebenserfahrung. Es war auch eine Taktlosigkeit von Seite Cato's, dass er in einer Zeit, wo von Anwendung roher Gewalt noch weit mehr als von Bestechung bei Wahlen zu befürchten stand, die schroffen Lehren der Stoa hervorkehrte und diese als Masstab bürgerlicher Tugend hinstellte [39]). Die Lage des Staates war eine so bedenkliche, dass um jeden Preis neue Wahlkämpfe zu verhüten waren. Diese Gefahren hat Cicero in den lebendigsten Farben geschildert und durch dieses Argument, gegen welches andere zurücktreten mussten, die Freisprechung des Beklagten glücklich durchgesetzt [40]).

Was die Eintheilung der Rede betrifft, so zerfällt sie in drei Theile [41]). In dem ersten (§ 11—14) widerlegt Cicero die gegen das frühere Leben Murena's erhobenen Beschuldigungen; in dem zweiten (§ 15—53) vergleicht er die Würdigkeit des Murena und Ser. Sulpicius in Bezug auf ihre Bewerbung ums Consulat; in dem dritten (§ 54—83) berührt er in kurzen Sätzen die Hauptpunkte der Anklage und schildert sodann die für die Republik zu befürchtenden Gefahren, wenn das neue Jahr herankomme, ohne dass das Ruder des Staats in die Hände kräftiger Consuln gelegt sei.

Aus dem dritten Theile der Rede fehlt ein Abschnitt, die Widerlegung der von Postumus und dem jüngeren Servius vorgebrachten Beschuldigungen, nicht als ob hier eine Lücke in dem überlieferten Texte vorläge, sondern Cicero hat diese Partie nur mündlich durchgeführt und bei der späteren schriftlichen Abfassung [42]) als minder interessant übergangen; vgl. Plin. epist.

Jahrhunderte pflanzte sich das fort, man verkannte wie unschuldig hier Cicero sowohl über die stoische Philosophie wie über die Juristen spottet'.
[39]) Plut. Cato 21: Τῆς δὲ δίκης λεγομένης ὁ Κικέρων .. πολλὰ διὰ τὸν Κάτωνα τοὺς Στωϊκοὺς φιλοσόφους καὶ ταῦτα δὴ τὰ παράδοξα καλούμενα δόγματα χλευάζων καὶ παρασκώπτων γέλωτα παρεῖχε τοῖς δικασταῖς. Τὸν οὖν Κάτωνά φασι διαμειδιάσαντα πρὸς τοὺς παρόντας εἰπεῖν· ὦ ἄνδρες, ὡς γελοῖον (spasshaften) ὕπατον ἔχομεν.
[40]) s. bes. § 79 a. E. Quintil. VI, 1, 35: *Sie habenda est auctoritatis ratio, ne sit invisa securitas. Fuit quondam inter haec omnia potentissimum, quo L. Murenam Cicero accusantibus elarissimis viris eripuisse praecipue videtur, persuasitque nihil esse ad praesentem rerum statum utilius quam pridie Calendas Januarias esse in re p. duos consules.* [41]) § 11: *Intellego, iudices, tres totius accusationis partes fuisse et earum unam in reprehensione vitae, alteram in contentione dignitatis, tertiam in criminibus ambitus esse versatam.* [42]) Es ist bekannt, dass Cicero seine meisten Reden

I, 20, 7: *Testes sunt multae multorum orationes et Ciceronis pro Murena, pro Vareno, in quibus brevis et nuda quasi subscriptio quorundam criminum solis titulis indicatur. Ex his apparet illum permulta dixisse, cum ederet, omisisse.*

erst, nachdem sie gehalten waren, zur Herausgabe ausgearbeitet hat; vgl. ep. ad Q. frat. 3, 1, 11: *Libros meos omnes quos exspectas inchoavi, sed conficere non possum his diebus: orationes efflagitatas pro Scauro et pro Plancio absolvi.* Tusc. IV, § 55: *Oratorem vero irasci minime decet, simulare non dedecet. An tibi irasci tum videmur, cum quid in causis acrius et vehementius dicimus? Quid? cum iam rebus transactis et praeteritis orationes scribimus, num irati scribimus?*

M. TULLII CICERONIS

ORATIO

PRO L. MURENA

AD IUDICES.

1. Quod precatus a dis immortalibus sum, iudices, more institutoque maiorum illo die, quo auspicato comitiis centuriatis L. Murenam consulem renuntiavi, ut ea res mihi, fidei magistratuique meo, populo plebique Romanae bene atque feliciter eveniret, idem precor ab isdem dis immortalibus ob eiusdem hominis

1. *Quod precatus sum.* Der präsidierende Magistrat eröffnete die Comitien mit einem Opfer und Gebet, *precatio*, s. Liv. 39, 15, 1: *consules in rostra escenderunt, et contione advocata cum sollemne carmen precationis, quod praefari, priusquam populum adloquantur, magistratus solent, peregisset consul, ita coepit.*

2. *auspicato* 'nach vorausgehender Befragung der Götter'; über die Form s. Madvigs lat. Sprachl. § 429.

3. *renuntiavi.* Nachdem der Praeco das Resultat der Abstimmung der einzelnen Centurien verkündet hatte, erfolgte die feierliche Renuntiation des Gewählten durch den Magistratus, der die Wahlhandlung geleitet hatte.

mihi fidei magistratuique, eine alte Formel, wie Ennii fragm. Ann. 111 (ed. Vahl.) zeigt: *Quod mihi*

meaeque fide (= *fidei*) *et regno vobisque Quiritis se fortunatim feliciter ac bene vortat,* und die bei Varro de ling. lat. VI, § 86 erhaltene Formel von den Censoren: *Quod bonum fortunatum felixque salutareque siet populo Romano Quiritium . . mihique collegaeque fidei magistratuique meo, omnes Quirites . . voca inlicium ad me.* In dieser Formel scheint *fides* im Sinne von 'Gewissenhaftigkeit, Pflichttreue, redliches Wollen' zu stehn.

4. *populo plebique.* Mit dieser Verbindung, die nur in Gebeten, Orakelsprüchen und anderen alten Formeln vorkommt, wird das aus Patriciern und Plebejern bestehende röm. Gesammtvolk bezeichnet; sie stammt aus einer Zeit, wo die Patricier allein Vollbürger waren und als solche den *populus* ausmachten.

5. *ob obtinendum* 'jetzt wo es sich darum handelt dass' etc.

consulatum una cum salute obtinendum, et ut vestrae mentes
atque sententiae cum populi Romani voluntatibus suffragiisque
consentiant eaque res vobis populoque Romano pacem, tranquillitatem, otium concordiamque adferat. Quodsi illa sollemnis comitiorum precatio consularibus auspiciis consecrata tantam habet
in se vim et religionem, quantam rei publicae dignitas postulat,
idem ego sum precatus, ut eis quoque hominibus, quibus hic
consulatus me rogante datus esset, ea res fauste feliciter pro-
2 spereque eveniret. Quae cum ita sint, iudices, et cum omnis de-
orum immortalium potestas aut translata sit ad vos aut certe
communicata vobiscum, idem consulem vestrae fidei commendat,
qui antea dis immortalibus commendavit, ut eiusdem hominis
voce et declaratus consul et defensus beneficium populi Romani
cum vestra atque omnium civium salute tueatur.

Et quoniam in hoc officio studium meae defensionis ab ac-
cusatoribus atque etiam ipsa susceptio causae reprehensa est,
ante quam pro L. Murena dicere instituo, pro me ipso pauca

1. *salute* 'Heil, bürgerliches Wohl',
das von seiner Freisprechung ab-
hing.
et ut schliesst sich an *idem* an =
precor ut ea res feliciter eveniat
et ut etc.
2. *voluntatibus* 'Wünschen' st.
des gewöhnlichen *voluntate* (wenn
nicht so zu lesen ist, s. p. Sestio
§ 106 *populi Ro. iudicium et voluntas*)
der rhetorischen Symmetrie wegen.
6. *vim et religionem* 'Kraft und
Heiligkeit', wie p. Rosc. Am. § 66
*magnam vim, magnam necessita-
tem, magnam possidet religionem
paternus maternusque sanguis*, de
domo sua § 127 *dedicatio magnam
habet religionem*.
7. *idem ego sum precatus* 'so habe
ich damit auch zugleich erfleht'.
8. *me rogante* sc. populum, hier
= *me comitia habente*. Vollständig
lautete die Formel: *consul populum
consulem rogat* (s. Liv. 3, 65, 4 *qui
plebem Romanam tribunos plebi rogaret;* 6, 42, 14 *ut duoviros aedi-
les ex patribus dictator populum
rogaret;* Festus p. 347 *praetor tres
viros capitales populum rogato*), d.
h. der Consul befragt das Volk, ob

es einen als Consul wolle.
10. *translata ad vos*, indem die
Richter denselben Schutz wie die
Götter in der Erhaltung des Consulats gewähren können.
13. *beneficium* 'die ihm verliehene
Auszeichnung'; ebenso §§ 3. 86. 90.
14. *cum — salute* 'zu eurem Heile',
s. Madvig § 258 A. 5.
15. *Et quoniam*. Wie in der or.
p. Sulla schickt Cicero, ehe er auf
die Klagepunkte selbst eingeht, eine
Rechtfertigung seiner selbst voraus,
dass er des Murena Vertheidigung
übernommen habe. Vgl. Cic. de Invent. I, § 22: *Benevolentia* (iudicum) *quattuor ex locis comparatur:
ab nostra, ab adversariorum, ab
iudicum persona, a causa. Ab nostra persona, si de nostris factis
et officiis sine adrogantia dicemus,
si crimina illata et aliquas minus
honestas suspiciones incertas dilue-
mus* etc.
officio 'Dienstleistung' gegen Murena, wie § 3 *de officio meo*.
16. *reprehensa est* von den An-
klägern.
17. *antequam dicere instituo:*
über das Praesens, wofür es auch

PRO L. MURENA c. 1. 2. § 2. 3.   19

dicam, non quo mihi potior hoc quidem in tempore sit officii mei quam huiusce salutis defensio, sed ut meo facto vobis probato maiore auctoritate ab huius honore, fama fortunisque omnibus inimicorum impetus propulsare possim.
5 2. Et primum M. Catoni vitam ad certam rationis normam 3 derigenti et diligentissime perpendenti momenta officiorum omnium de officio meo respondebo. Negat fuisse rectum [Cato] me et consulem et legis ambitus latorem et tam severe gesto consulatu causam L. Murenae attingere. Cuius reprehensio me vehe-
10 menter movet, non solum ut vobis, iudices, quibus maxime debeo, verum etiam ut ipsi Catoni, gravissimo atque integerrimo viro, rationem facti mei probem. A quo tandem, M. Cato, est aequius consulem defendi quam a consule? quis mihi in re publica potest aut debet esse coniunctior, quam is, cui res publica
5 a me una *cum consulatu* traditur sustinenda, magnis meis laboribus et periculis sustentata? Quodsi in iis rebus repetendis, quae mancipi sunt, is periculum iudicii praestare debet, qui se

dicam heissen konnte, s. Madv. §
339 A. 2, c.
5. *rationis* 'einer Theorie, eines philosophischen Systems', neml. des stoischen.
6. *momenta offic.* 'die Bestimmungs-, Entscheidungsgründe', was für alle Obliegenheiten den Ausschlag gibt.
8. *legis ambitus latorem*, Einl. § 8.
10. *movet* 'drängt' = impellit.
14. *esse coniunctior* 'näher stehn'.
15. *una*, wofür man verschiedene Verbesserungen versucht hat, weist auf eine kleine Lücke im Text hin, die wir nach dem Vorschlag von Muther mit *cum consulatu* ergänzt haben. Lücken finden sich mehrere im überlieferten Text der Rede.
traditur st. *tradetur* mit rhetorischer Prolepsis, weil die Niederlegung des Consulats schon so nahe stand.
16. *sustentata* nach *sustinenda*, weil das Particip *sustenta* weniger gebräuchlich war.
in iis rebus repetendis: *repetere* abfordern im Processe (dafür technisch *evincere* 'einen Besitz abstrei-

ten'). Ein dritter streitet dem Käufer die Kaufsache im Processe ab, indem er darthut, dass er ein besseres Anrecht an die Sache habe.
17. *quae mancipi sunt*. Nach römischem Civilrechte waren alle Sachen *res mancipi* (= *mancipii*) oder *nec* (= *non*) *mancipi*. Das Eigenthümliche der *res mancipi* im Gegensatz zu den *res nec mancipi* bestand darin, dass sie zu ächtem römischen Eigenthum nur durch die feierlichen Acte der *mancipatio* oder der *in iure cessio* übertragen werden konnten, indem sie der Uebertragung durch *mancipatio* allein fähig waren. Die *mancipatio* war eine Uebertragung in der Form eines symbolischen Kaufes, wobei der (symbolische) Kaufpreis nicht gezahlt, sondern zugewogen wurde, daher bei derselben eine Wage, ein Waghalter (*libripens*) und ein Stückchen Erz erforderlich waren (*negotium per aes et libram*); ausserdem war die Gegenwart von fünf Zeugen nothwendig, die *cives Romani puberes* sein mussten. *Res mancipi* waren *praedia in solo Italico* (Grund-

2*

nexu obligavit, profecto etiam rectius in iudicio consulis designati is potissimum, qui consulem declaravit, auctor beneficii populi Romani defensorque periculi esse dedebit. Ac si, ut nonnullis in civitatibus fieri solet, patronus huic causae publice constitueretur, is potissimum summo honore adfecto defensor daretur, qui eodem honore praeditus non minus adferret ad dicendum auctoritatis quam facultatis. Quodsi e portu solventibus ii, qui iam in portum ex alto invehuntur, praecipere summo studio solent et tempestatum rationem et praedonum et locorum, quod natura fert, ut eis faveamus, qui eadem pericula, quibus nos perfuncti sumus, ingrediantur: quo tandem me esse animo oportet, prope iam ex magna iactatione terram videntem, in hunc, cui video maximas tempestates rei publicae esse subeundas? Quare, si est boni consulis non solum videre quid agatur, verum etiam providere quid futurum sit, ostendam alio loco, quantum salutis communis intersit duos consules in re publica Kalendis Ianuariis esse. Quod si ita est, non tam me officium debuit ad hominis amici fortunas quam res publica consulem ad communem salutem defendendam vocare. 3. Nam quod legem de ambitu tuli, certe ita tuli, ut eam, quam mihimet ipsi iam pridem tuleram de civium periculis defendendis, non abrogarem. Etenim si largitionem factam esse confiterer idque recte factum esse defenderem, facerem improbe, etiam si alius legem tulisset: cum

stücke in Italien oder in der Feldmark von Städten mit *ius Italicum*), Sclaven, Zug- und Lastthiere, *servitutes praediorum rusticorum*, d. i. Dienstbarkeiten zu Gunsten ländlicher Grundstücke.
periculum iudicii praestare 'für die Gefahr des (Civil) Processes einstehn', sie übernehmen; denn der Verkäufer hatte dafür zu haften, dass der Käufer im ungestörten Besitz der Sache verbleiben durfte.
1. *nexu*: *nexus* (*nexum*) bezeichnet das *negotium per aes et libram* in seiner Richtung auf obligatorische Rechtsverhältnisse.
2. *auctor* 'Gewährleister, Vertreter'; *beneficii*, s. zu § 2.
3. *Ac* leitet einen zweiten Vergleich (*simile*) ein.
nonnullis in civitatibus, wie z. B. in Athen, wo die σύνδικοι 'Staatsanwälte' in gewissen Fällen im Namen des Volkes eine Vertheidigung führten.
7. *solventibus* absolut, sc. *navem* oder *ancoram*.
8. *praecipere* 'Vorschriften (Auskunft) ertheilen'; *rationem* 'darüber wie es stehe mit'; vgl. Zumpt § 678.
10. *faveamus* 'Antheil nehmen'. *qui ingrediantur* = *quos ingredi scimus*.
13. *rei publicae* 'politische'.
15. *alio loco* § 79 a. E.
17. *me* ist stark betont im Gegensatz von *consulem*.
21. *abrogarem*: das Imperfect, wofür Wesenberg *abrogarim* schreiben wollte, bezeichnet die beabsichtigte Folge, die sogleich im Momente des *legem ferre* eingetreten ist, unser 'nicht abschaffen wollte'.
22. *defenderem* mit Accus. c. Inf.

vero nihil commissum contra legem esse defendam, quid est quod meam defensionem latio legis impediat? At negat esse eius- 6 dem severitatis, Catilinam exitium rei publicae intra moenia molientem verbis et paene imperio ex urbe expulisse et nunc pro
5 L. Murena dicere. Ego autem has partis lenitatis et misericordiae, quas me natura ipsa docuit, semper egi libenter, illam vero gravitatis severitatisque personam non adpetivi, sed ab re publica mihi impositam sustinui, sicut huius imperii dignitas in summo periculo civium postulabat. Quodsi tum, cum res pu-
10 blica vim et severitatem desiderabat, vici naturam et tam vehemens fui quam cogebar, non quam volebam, nunc, cum omnes me causae ad misericordiam atque humanitatem vocent, quanto tandem studio debeo naturae meae consuetudinique servire! Ac de officio defensionis meae ac de ratione accusationis tuae fortasse
15 etiam alia in parte orationis dicendum nobis erit.

Sed me, iudices, non minus hominis sapientissimi atque 7 ornatissimi, Ser. Sulpicii, conquestio quam Catonis accusatio commovebat, qui gravissime et acerbissime se ferre dixit me familiaritatis necessitudinisque oblitum causam L. Murenae contra
20 se defendere. Huic ego, iudices, satisfacere cupio vosque adhibere arbitros: nam cum grave est vere accusari in amicitia, tum, etiam si falso accuseris, non est neglegendum. Ego, Servi Sulpici, me in petitione tua tibi omnia studia atque officia pro nostra necessitudine et debuisse confiteor et praestitisse arbitror.
25 Nihil tibi consulatum petenti a me defuit, quod esset aut ab

'in der Vertheidigung behaupten, geltend machen', wie § 34.
2. *at* führt in der Form des Einwurfs den dritten Punkt der Bedenken ein (s. § 3), die Cato gegen Ciceros Uebernahme der Vertheidigung erhoben hatte.
5. *ego autem* etc., vgl. die ähnliche Stelle bei Cic. or. p. Sulla 3, 8.
6. *docuit*. Auch dieser Ausdruck ist, wie *partes*, technischer Terminus von der Bühne, da das *fabulam docere* Sache des Dichters war.
8. *imperii* sc. consularis, wie in Cat. I, § 12 *quod huius imperii proprium est.*
11. *nunc cum vocent*: der Conjunctiv, weil *cum* zugleich als begründend erscheint 'jetzt wo ja', wie § 8: *neque enim, si tibi tum, cum con-*

sulatum peteres, adfui, nunc, cum Murenam ipsum petas, adiutor eodem pacto esse debeo. p. Mil. § 98: *hoc tempore ipso, cum omnes a cunctis inimicis faces invidiae meae subiciantur.*
15. *alia in parte*, cap. 32 u. 37.
16. *sapientissimi*: so wegen der juristischen Gelehrsamkeit des Sulpicius.
19. *famil. necessitudinisque* 'der engen freundschaftlichen Bande'.
20. *huic satisfacere* 'vor diesem mich rechtfertigen'.
21. *arbitros*, s. zu § 27 a. E.
22. *neglegendum* 'gering zu achten'.
23. *studia* 'eifrige Mitwirkung'.
25. *a me* 'von meiner Seite', wie p. Mil. § 100: *tibi, T. Anni, nullum*

amico aut a gratioso aut a consule postulandum. Abiit illud tempus, mutata ratio est. Sic existimo, sic mihi persuadeo, me tibi contra honorem L. Murenae, quantum tu a me postulare ausus es, tantum debuisse, contra salutem nihil debere. Neque enim, si tibi tum, cum peteres consulatum, adfui, nunc, cum Murenam ipsum petas, adiutor eodem pacto esse debeo. Atque hoc non modo non laudari, sed ne concedi quidem potest, ut, amicis nostris accusantibus, non etiam alienissimos defendamus. 4. Mihi autem cum Murena, iudices, et magna et vetus amicitia est, quae in capitis dimicatione a Ser. Sulpicio non idcirco obruetur, quod ab eodem in honoris contentione superata est. Quae si causa non esset, tamen vel dignitas hominis vel honoris eius, quem adeptus est, amplitudo summae mihi superbiae crudelitatisque famam inussisset, si hominis et suis et populi Romani ornamentis amplissimi causam tanti periculi repudiassem. Neque enim iam mihi licet neque est integrum, ut meum laborem hominum periculis sublevandis non impertiam. Nam cum praemia mihi tanta pro hac industria sint data, quanta antea nemini, quibus

a me amoris, nullum studii, nullum pietatis officium defuit.
1. *a gratioso*, substantivisch vermöge seiner Stellung zwischen *amico* und *consule*; vgl. Nägelsb. lat. Stil. § 25, b, 4 S. 81 (3).
3. *ausus es* mit der Andeutung, dass ihm vieles zugemuthet worden sei.
5. *peteres — petas*, s. zu § 6.
6. *hoc* 'der Grundsatz, die Forderung'; vgl. p. Sulla § 49: *intellegebat* (parens tuus) *hanc nobis a maioribus esse traditam disciplinam, ut nullius amicitia ad pericula propulsanda impediremur.*
8. *alienissimos*, s. zu § 45 a. E.
10. *in capitis dimicatione*: im Falle einer Verurtheilung hätte Murena nach der lex Tullia (Einl. § 8 f.) eine *capitis deminutio* durch Ausstossung aus dem Senat und zehnjähriges Exil erlitten. Ueber den Genetiv vgl. *honoris* (*dignitatis*) *contentio* §§ 8. 11. 56 u. Madv. § 283 A. 3. — *obruetur* 'über den Haufen geworfen werden, in Vergessenheit gerathen soll', s. § 86.
11. *superata est*, wegen Cicero's Parteinahme für den Mitbewerber Sulpicius.

causa, sc. defendendi Murenae.
14. *famam inussisset*, wie man sagt *notam inurere*, 'mit dem Rufe brandmarken'.
suis, mit Bezug auf *hominis dignitas*, *populi Ro.* auf *honoris amplitudo*.
15. *causam tanti periculi*, d. h. die Vertheidigung in einem Process, bei dem so viel auf dem Spiele steht.
16. *integrum est ut*, wie Tusc. V, § 62: *ne integrum quidem erat* (Dionysio) *ut ad iustitiam remigraret*; vgl. Madv. § 374 A. 2.
17. *praemia*: Cicero verdankte als *homo novus* seine Beförderung zu den höchsten Ehrenstellen seiner Thätigkeit als Redner und bes. als Vertheidiger.
18. *quibus laboribus — deponere*, unsichere Lesart in einer heillos verderbten und lückenhaften Stelle. Aehnlich ist der Gedanke bei Cato (fragm. p. 50 Jord.): *nam perniniurium siet, cum mihi ob eos mores, quos prius habui, honos detur, ubi datus est, tum uti eos mutem atque alii modi sim*, und Cic. Phil. VI, § 17: *quid enim non debeo vobis, Quirites,*

laboribus ea petieris, eos, cum adeptus sis, deponere, esset hominis et astuti et ingrati. Quodsi licet desinere, si te auctore possum, si 9 nulla inertiae, nulla superbiae, nulla inhumanitatis culpa suscipitur, ego vero libenter desino: sin autem fuga laboris desidiam, repu-
5 diatio supplicum superbiam, amicorum neglectio improbitatem coarguit, nimirum haec causa est eius modi, quam nec industrius quisquam nec misericors nec officiosus deserere possit. Atque huiusce rei coniecturam de tuo ipsius studio, Servi, facillime ceperis. Nam si tibi necesse putas etiam adversariis amicorum
10 tuorum de iure consulentibus respondere, et si turpe existimas te advocato illum ipsum, quem contra veneris, causa cadere, noli tam esse iniustus, ut, cum tui fontes vel inimicis tuis pateant, nostros etiam amicis putes clausos esse oportere. Etenim si me 10 tua familiaritas ab hac causa removisset et si hoc idem Q. Hor-
15 tensio, M. Crasso, clarissimis viris, si idem ceteris, a quibus intellego tuam gratiam magni aestimari, accidisset, in ea civitate consul designatus defensorem non haberet, in qua nemini umquam infimo maiores nostri patronum deesse voluerunt. Ego vero, iudices, ipse me existimarem nefarium, si amico, crudelem, si

quem vos a se ortum hominibus nobilissimis omnibus honoribus praetulistis? An ingratus sum? quis minus? qui partis honoribus eosdem in foro gessi labores quos petendis.

1. *adeptus sis*, sc. praemia.
2. *te auctore* 'auf deine Verantwortung hin', d. h. wenn du für alle mögliche schlimme Nachrede einstehst.
4. *desino*: richtiger scheint *desinam*, wie Bake vorschlägt.
8. *studio*, unser 'Fach' oder 'Wissenschaft'.
10. *respondere*, s. zu § 19.
11. *quem contra veneris* 'gegen den du aufgetreten bist', s. zur or. Phil. II, § 3; über die Stellung von *contra* Madv. § 469, A. 2.
causa cadere heisst einen Process verlieren durch einen Formfehler (im Gegensatz von materiellen Gründen); vgl. Victorinus ad Cic. de invent. 2, 19 (Rhet. lat. p. 276 ed. Halm): *erat praeterea institutum ut causa caderet is, qui non quemadmodum oportebat egisset.*

Paulli sent. I, 10, 1: *Plus petendo causa cadimus aut loco aut summa aut tempore aut qualitate: loco 'alibi', summa 'maiorem petendo', tempore 'ante petendo quam debetur', qualitate 'debiti generis speciem licet viliorem postulando'.* Einige Beispiele der Art führt Cic. de Orat. I, § 167 sq. an. Wie das *turpe existimas* zu verstehen sei, ist nicht leicht, aber die Sache wahrscheinlich so zu denken, dass sich der Gegner solcher Formeln bedient hat, die Sulpicius selbst angegeben hatte. Ein Rechtsgutachten hatte er in dem angenommenen Falle dem Manne auf die cousultatio nicht verweigert, war aber sodann in der Sache gegen ihn als Anwalt eines Freundes aufgetreten.
12. *inimicis tuis*, mit rhetorischer Uebertreibung st. *inimicis amicorum tuorum.*
14. Q. *Hortensio, M. Crasso*, s. Einl. § 12.
17. *nemini infimo* 'keinem noch so geringen'.
19 *crudelem* 'gefühllos, herzlos'.

misero, superbum, si consuli defuissem. Quare quod dandum est
amicitiae, large dabitur a me, ut tecum agam, Servi, non secus ac
si meus esset frater, qui mihi est carissimus, isto in loco : quod
tribuendum est officio, fidei, religioni, id ita moderabor, ut me-
minerim me contra amici studium pro amici periculo dicere. 5
5. Intellego, iudices, tris totius accusationis partis fuisse et
earum unam in reprehensione vitae, alteram in contentione
dignitatis, tertiam in criminibus ambitus esse versatam. Atque
harum trium partium prima illa, quae gravissima debebat esse,
ita fuit infirma et levis, ut illos lex magis quaedam accusatoria 10
quam vera male dicendi facultas de vita L. Murenae dicere aliquid
coëgerit. Obiecta est enim Asia: quae ab hoc non ad voluptatem et luxuriam expetita est, sed in militari labore peragrata.
Qui si adulescens patre suo imperatore non meruisset, aut
hostem aut patris imperium timuisse aut a parente repudiatus 15
esse videretur. An cum sedere in equis triumphantium praetex-

2. *ut agam*, wofür im Deutschen
das Futur nothwendig ist, als gleich-
zeitig mit *dabitur*; s. die Beispiele
zur divin. in Caecil. § 44 a. E.
3. *isto in loco*, sc. in accusatorum subselliis.
4. *officio, fidei, religioni*: man
beachte die Steigerung.
5. *studium* 'Bestrebung', ge-
milderter Ausdruck für *accusatio*;
pro amici periculo 'für einen be-
drängten Freund'.
6. *Intellego*: hier beginnt die
Beweisführung.
7. *unam — alteram*: dieselbe Art
der Aufzählung (nicht *primam — se-
cundam*) auch § 30 und 37.
in contentione dignitatis, s. zu
S. 22, 10.
10. *illos* vomGegner (st.*istos*),wie in
historischer Erzählung, bei directer
Anrede an die Richter, s. Z. 6.
lex q. accusatoria 'eine ich
möchte sagen zum Gesetz gewordene Gewohnheit der Ankläger'.
12. *Obiecta est Asia*, in gemilder-
ter Form, statt *delicatius vitae genus in Asia*. Bei Cic. ep. ad Q.
fr. I, 1, 19 heisst die provincia *cor-
ruptrix*, bei Tac. Agr. 6 *dives ac
parata peccantibus*, bei Liv. 34, 4, 3
omnibus libidinum illecebris repleta.

quae adversativ, wie p. Rosc. Am.
§ 83. 118 u. ö.
13. *in militari labore* 'unter krie-
gerischen Anstrengungen'.
14. *patre imperatore*, Einl. § 3;
meruisset = stipendia meruisset.
15. *imperium*, das der Redner damit als ein strenges andeutet.
16. *an — fugiendum fuit*. Der
Zusammenhang ist: Man kann nicht
tadeln, dass Mur. nach Asien gegangen ist; denn dort commandierte
sein Vater, unter dem er sein militärisches Tirocinium machte; eben
so wenig verdient es eine Rüge, dass,
nachdem er die Gefahren seines Vaters getheilt, er auch an dessen Ehre
Antheil erhalten hat. Aus den Worten geht hervor, dass sich die Ankläger auch über diesen Punkt eine
tadelnde Bemerkung erlaubt hatten.
in equis triumphantium. In
dem mit vier Rossen bespannten
Triumphwagen sassen neben dem
Triumphator seine Kinder (vgl. Tac.
Ann. 2, 41. Val. Max. V, 7, 1) oder
nächsten Angehörigen; die grösseren
Knaben, *filii praetextati*, ritten auf
den Pferden des Triumphwagens;
s. Suet. Tib. 6: *pubescens* (Tiberius)
*Aetiaco triumpho currum Augusti
comitatus est sinisteriore funali*

tati potissimum filii soleant, huic donis militaribus patris triumphum decorare fugiendum fuit, ut rebus communiter gestis paene simul cum patre triumpharet? Hic vero, iudices, et fuit in Asia et viro fortissimo, parenti suo, magno adiumento in periculis, solacio in laboribus, gratulationi in victoria fuit: et si habet Asia suspicionem luxuriae quandam, non Asiam numquam vidisse, sed in Asia continenter vixisse laudandum est. Quam ob rem non Asiae nomen obiciendum Murenae fuit, ex qua laus familiae, memoria generi, honos et gloria nomini constituta est, sed aliquod aut in Asia susceptum aut ex Asia deportatum flagitium ac dedecus: meruisse vero stipendia in eo bello, quod tum populus Romanus non modo maximum, sed etiam solum gerebat, virtutis, patre imperatore libentissime meruisse pietatis, finem stipendiorum patris victoriam ac triumphum fuisse felicitatis fuit. Maledicto quidem idcirco nihil in hisce rebus loci est, quod omnia laus occupavit.

6. Saltatorem appellat L. Murenam Cato. Maledictum est, si vere obicitur, vehementis accusatoris, sin falso, maledici conviciatoris. Quare cum ista sis auctoritate, non debes, Marce, arripere maledictum ex trivio aut scurrarum aliquod convicium, neque temere consulem populi Romani saltatorem vocare, sed

equo, cum Marcellus Octaviae filius dexteriore veheretur.

1. *donis militaribus,* mit den für seine Tapferkeit errungenen Ehrenpreisen.
2. *ut* consecutiv, als nähere Ausführung des *decorare.*
3. *cum patre triumpharet,* Einl. § 2. *vero* bildet den Gegensatz zu den gedachten negativen Sätzen *si non meruisset* und *an decorare fugiendum fuit* (= *an non decoraret?*); im Deutschen 'vielmehr, so aber'.
5. *habet suspicionem* 'im Verdachte steht', wie *habere* in Verbindung mit Verbalsubstantiven in vielen Wendungen im passiven Sinne vorkommt; vgl. zu § 68 u. Nägelsb. Stil. § 95, 1 S. 257 (3).
10. *susceptum* 'begangen, verschuldet', *deportatum* 'heimgebracht', das letztere von einem schandbaren Laster, das er in Asien gelernt und sich angewöhnt hatte.
11. *quod — solum gerebat,* wofür

wir sagen: der nicht nur ein sehr bedeutender, s. der einzige war, den damals das r. Volk führte.
15. *maledicto* 'üble Nachrede'; *quidem,* adversativ, wie § 23.
16. *occupavit* in demselben Bilde, wie das vorausgehende *nihil loci est* 'hat keinen Raum'.
17. *saltatorem,* d. i. einen pantomimischen, der sich bei üppigem Mahle in einem mimischen Einzeltanz vor seinen Zechgenossen sehen liess; s. zur or. p. Deiot. § 26.
18. *maledici conviciatoris*; vgl. p. Caelio § 6: *Aliud est maledicere, aliud accusare. Accusatio crimen desiderat, rem ut definiat, hominem ut notet, argumento probet, teste confirmet: maledictio autem nihil habet propositi praeter contumeliam, quae si petulantius iactatur, convicium, si facetius, urbanitas nominatur.*
19. *Marce:* die Anrede mit dem Praenomen im familiären Tone, um

circumspicere, quibus praeterea vitiis adfectum esse necesse sit eum, cui vere istud obici possit. Nemo enim fere saltat sobrius, nisi forte insanit, neque in solitudine neque in convivio moderato atque honesto: tempestivi convivii, amoeni loci, multarum deliciarum comes est extrema saltatio. Tu mihi arripis hoc, quod 5 necesse est omnium vitiorum esse postremum, relinquis illa, quibus remotis hoc vitium omnino esse non potest. Nullum turpe convivium, non amor, non comissatio, non libido, non sumptus ostenditur; et cum ea non reperiantur, quae quamquam voluptatis nomen habent, vitiosa sunt, in quo ipsam luxuriam repe- 10 rire non potes, in eo te umbram luxuriae reperturum putas?
14 Nihil igitur in vitam L. Murenae dici potest, nihil, inquam, omnino, iudices. Sic a me consul designatus defenditur, ut eius nulla fraus, nulla avaritia, nulla perfidia, nulla crudelitas, nullum petulans dictum proferatur. Bene habet, iacta sunt fundamenta 15 defensionis: nondum enim nostris laudibus, quibus utar postea, sed prope inimicorum confessione virum bonum atque integrum hominem defendimus. Quo constituto facilior est mihi aditus ad contentionem dignitatis, quae pars altera fuit accusationis.

15   7. Summam video esse in te, Ser. Sulpici, dignitatem gene- 20 ris, integritatis, industriae ceterorumque ornamentorum omnium, quibus fretum ad consulatus petitionem adgredi par est. Paria cognosco esse ista in L. Murena atque ita paria, ut neque ipse

die Schärfe des Tadels etwas zu mildern.
4. *tempestivi convivii*, wofür wir sagen 'üppiges Mahl', das vor der neunten Stunde, der gewöhnlichen Zeit der *cena*, begann und dann auch bis in die Nacht fortgesetzt wurde. Vgl. Suet. Nero 27: *epulas a medio die ad mediam noctem protrahebat.*
5. *mihi*, dativus ethicus, wie § 21 und 74.
6. *relinquis* = non commemoras, wie de Off. III, § 9.
11. *umbram luxuriae*, Umschreibung für *vitium saltationis*; *umbra* im Sinne von *comes assidua*, wie es oben heisst *multarum deliciarum comes est extrema saltatio*.
13. *sic* 'unter solchen Umständen'; *ut — proferatur* 'dass beigebracht werden kann'. Der Redner schliesst die Widerlegung des *probabile ex vita* mit dem allgemeinen Satz, dass

die *vita ante acta* ganz zu Gunsten seines Clienten spreche.
17. *confessione*, insofern das, was sie behaupten, alles Grundes entbehrt und sie anderes nicht beizubringen wissen, eine starke rhetorische Hyperbel!
virum — hominem: ersteres in Verbindung mit einem Prädicate, das dem Murena im öffentlichen Leben als *civis* zukam, letzteres mit einem solchen, auf das er als Mensch und Privatmann (moralische Eigenschaft) Anspruch hatte.
18. *defendimus* ohne *esse* (s. zu § 5), weil von einem Urtheile die Rede ist = *in defensione iudicamus*.
22. *quibus fretum* etc. Wir sagen in anderer Form: die vorhanden sein müssen, wenn man zur Bewerbung ums Consulat schreiten will.
23. *ista*, quibus tu fretus es.

dignitate a te vinci potuerit neque te dignitate superarit. Contempsisti L. Murenae genus, extulisti tuum. Quo loco si tibi hoc sumis, nisi qui patricius sit, neminem bono esse genere natum, facis ut rursus plebes in Aventinum sevocanda esse videatur. 5 Sin autem sunt amplae et honestae familiae plebeiae, et proavus L. Murenae et avus praetor fuit et pater, cum amplissime atque honestissime ex praetura triumphasset, hoc faciliorem huic gradum consulatus adipiscendi reliquit, quod is iam patri debitus a filio petebatur. Tua vero nobilitas, Servi Sulpici, tametsi summa 16 10 est, tamen hominibus litteratis et historicis est notior, populo vero et suffragatoribus obscurior; pater enim fuit equestri loco, avus nulla inlustri laude celebratus. Itaque non ex sermone ho-

1. *neque te dignitate superarit.* Wenn *dignitate* nicht als Glossem zu streichen ist, so scheint Cic. mit der Wiederholung anzudeuten, dass M. den Sulp. zwar nicht *dignitate*, wohl aber durch andere zufällige Umstände übertroffen habe, was cap. 21 ff. ausgeführt ist.
2. *L. Murenae genus.* Die gens *Licinia* gehörte nicht zum patricischen, sondern plebejischen Adel; unter diesem jedoch nahm sie besonders durch die *Crassi* und *Luculli* eine der glänzendsten Stellen ein. Man hat aber hier bei *genus* wohl zunächst an die Familie der Murenae zu denken.
hoc 'das Urtheil, die anspruchvolle Behauptung'.
4. *in Aventinum*: vgl. Liv. II, 22: *Quo facto maturata est seditio. Et primo agitatum dicitur de consulum caede, ut solverentur sacramento: doctos deinde nullam scelere religionem solvi, Sicinio quodam auctore iniussu consulum in Sacrum montem secessisse: trans Anienem amnem est, tria ab urbe milia passuum. Ea frequentior fama est quam cuius Piso* (der Annalist) *auctor est, in Aventinum secessionem esse factum.*
5. *et proavus,* wir sagen im Folgesatz: so bemerke ich dass etc., wie § 20 *tamen testata sunt = dico testata esse.* Ueber Murena's *proa-*

vus und *avus* ist nichts weiter bekannt als was hier Cic. mittheilt.
6. *fuit,* s. Madv. § 213 Anm.
amplissime atque honestissime sind Prädikate, die einem jeden Triumphe zukommen. Einen besonders grossartigen hätte Cic. wohl mit stärkeren Ausdrücken bezeichnet.
7. *ex praetura* ist beigefügt, weil blos active oder gewesene Consuln und Praetoren auf die Ehre des Triumphes Anspruch hatten. Cn. Pompeius war der erste, der ausnahmsweise als *eques Romanus* (d. h. ohne vorher ein Staatsamt bekleidet zu haben) triumphiert hat.
gradum = aditum, wie de lege agr. II, § 38: *hunc quasi gradum quendam atque aditum ad cetera factum intellegitis.*
9. *summa est,* da die gens Sulpicia eines der ältesten Patriciergeschlechter war. Die berühmtesten Familien der gens waren die *Camerini, Galbae* und *Rufi,* zu welch letzteren unser Ser. Sulpicius gehörte.
10. *historicis* hier mehr im Sinne von Alterthumsforschern als eigentlichen Historikern.
11. *suffragatoribus,* Leuten, die eine Wahl unterstützen, Stimmwerbern, *obscurior* 'minder bekannt'.
equestri loco, weil er kein Staatsamt bekleidet hatte und so nicht in den Senat gelangt war.
12. *nulla inlustri laude celebratus:*

minum recenti, sed ex annalium vetustate eruenda memoria est nobilitatis tuae. Quare ego te semper in nostrum numerum adgregare soleo, quod virtute industriaque perfecisti, ut cum equitis Romani esses filius, summa tamen amplitudine dignus putarere. Nec mihi umquam minus in Q. Pompeio, novo homine 5 et fortissimo viro, virtutis esse visum est quam in homine nobilissimo M. Aemilio. Etenim eiusdem animi atque ingenii est posteris suis, quod Pompeius fecit, amplitudinem nominis, quam non acceperit, tradere, et, ut Scaurus, memoriam prope inter- 17 mortuam generis sua virtute renovare. 8. Quamquam ego iam 10 putabam, iudices, multis viris fortibus ne ignobilitas generis obiceretur, meo labore esse perfectum, qui non modo Curiis, Catonibus, Pompeiis, antiquis illis fortissimis viris, sed his re-

der Gegensatz *equestri loco* zeigt, dass er doch Senator gewesen ist.

1. *ex annalium vetustate* für *ex vetustis annalibus* wegen der Concinnität mit *ex sermone h. recenti*, wie § 10 a. E. *pro amici periculo*.

2. *in nostrum numerum*, sc. hominum novorum.

4. *summa amplitudine*, weil er es zur Prätur gebracht hat, aber auch mit Rücksicht aufs Consulat, das er zwar noch nicht erlangt hatte, aber dessen als würdig erachtet wurde.

5. *in Q. Pompeio Rufo*, Consul 141 v. Ch., der erste aus der plebejischen *gens Pompeia*. Er kämpfte wiederholt in Spanien gegen Viriathus und vor Numantia, ohne bedeutendes auszurichten. Im J. 131 war er mit Q. Caecilius Metellus Macedonicus Censor, s. Liv. Perioch. 59: *tunc primum uterque ex plebe facti* (censores).

7. *M. Aemilio Scauro*, Consul 115 und 107, Censor 109 und seit seinem ersten Consulat *princeps senatus*. Ascon. in Cic. p. Scauro p. 22: *verum Scaurus ita fuit patricius, ut·tribus supra eum aetatibus iacuerit domus eius fortuna; nam neque pater eius neque avus neque etiam proavus, ut puto propter tenues opes et nullam vitae industriam, honores adepti sunt. Ita-*

que Scauro aeque ac novo homini laborandum fuit. Vgl. auch 17, 36.

9. *acceperit:* das allgemeine Subject (*quis*) liegt im Infinitiv *tradere*, wie de orat. I, § 30: *neque vero mihi quidquam praestabilius videtur quam posse dicendo tenere hominum coetus, mentes adlicere, voluntates impellere quo velit, unde autem velit deducere.*

11. *putabam:* man beachte das Imperfect.

12. *Curiis — commemorandis =* quamvis Curios commemorarent, 'trotz der Berufung auf', wie de offic. I, § 5: *quis enim est qui nullis officii praeceptis tradendis philosophum se audeat dicere?* Es heisst nicht *commemoratis* wegen der wiederholt zu denkenden Handlung, wie p. Mil. § 74: *qui . . alienos fundos castris, exercitu, signis inferendis petebat.*

Curiis, aus welcher plebejischen Gens sich zuerst M'. Curius Dentatus durch seine Siege über die Samniten und Pyrrhus (275 bei Beneventum) unsterblich gemacht hat.

13. *Catonibus* st. *Porciis*, weil die Familie der Catones den Ruhm der *gens Porcia* begründet hat.

his recentibus, die noch mehr Eindruck machen sollten, weil ihre Verdienste noch in frischem Andenken standen.

centibus, Mariis et Didiis et Caeliis, commemorandis iacebant. Cum vero ego tanto intervallo claustra ista nobilitatis refregissem, ut aditus ad consulatum posthac, sicut apud maiores nostros fuit, non magis nobilitati quam virtuti pateret, non arbitrabar, 5 cum ex familia vetere et inlustri consul designatus ab equitis Romani filio, consule, defenderetur, de generis novitate accusatores esse dicturos. Etenim mihi ipsi accidit, ut cum duobus patriciis, altero improbissimo atque audacissimo, altero modestissimo atque optimo viro, peterem; superavi tamen dignitate Catilinam, gratia Galbam. Quodsi id crimen homini novo esse deberet, profecto mihi neque inimici neque invidi defuissent. Omittamus igitur de genere dicere, cuius est magna in utroque 18 d gnitas: videamus cetera.
‘Quaesturam una petiit et sum ego factus prior’. Non est

1. *Mariis:* Marii kommen in den italischen Municipien häufig vor; ihren Namen hat zuerst C. Marius, der Besieger der Cimbern und Teutonen, in die Geschichte eingeführt. *Didiis,* aus deren Geschlecht T. Didius, Consul 98, zweimal *ex Macedonia* und *de Celtiberis* triumphiert hat.
Caeliis, mit Beziehung auf *C. Caelius Caldus,* der aus niederem Stande durch Talent und Rührigkeit zu den höchsten Ehrenämtern (zum Consulat 94) gelangt ist. Vgl. zu Verr. V, § 181.
iacebant, d. h. sie drangen nicht durch, konnten es zu keiner Anerkennung bringen.
2. *claustra nobilitatis*: de lege agr. II § 3: *Me perlongo intervallo prope memoriae temporumque nostrorum primum hominem novum consulem fecistis et eum locum, quem nobilitas praesidiis firmatum atque omni ratione obvallatum tenebat, me duce rescidistis virtutique in posterum patere voluistis.*
2. *refregissem:* man weiss jedoch, dass zumeist die Furcht vor Catilina dem Cicero das Consulat verschafft hat.
3. *apud maiores,* d. h. seit 366 v. Chr., wo zuerst ein Plebejer zum Consulat gelangt ist.

6. *de generis novitate*: es heisst nicht *de hominis novitate* (denn L. Murena war kein *homo novus,* s. § 15), sondern *de generis,* von welcher Sulp. im Gegensatz zu dem hohen Alter seines eigenen Geschlechts sprechen konnte.
7. *cum duobus patriciis*: Asc. Argum. ad or. in toga candida: *Sex competitores in consulatus petitione Cicero habuit, duos patricios, P. Sulpicium Galbam, L. Sergium Catilinam; quattuor plebeios, e quibus duo nobiles, C. Antonium, M. Antonii oratoris filium, L. Cassium Longinum, duos, qui tantum non primi ex familiis suis magistratum adepti erant, Q. Cornificium et C. Licinium Sacerdotem: solus Cicero ex competitoribus equestri erat loco natus.*
10. *gratia* 'durch grössere Beliebtheit' ; vgl. Asconius: *ceteri eius competitores modeste se gessere,* visique sunt *Cornificius et Galba sobrii ac sancti viri, Sacerdos nulla improbitate notus.*
14. *prior,* d. h. ich habe früher als Mur. die nöthige Stimmenmajorität (von 18 Tribus) erhalten; denn in derselben Reihenfolge, in welcher die gewählten die Majorität erlangt hatten, fand auch ihre Renuntiation statt. Die Wahl der Quaestoren erfolgte in Tributcomitien.

respondendum ad omnia. Neque enim vestrum quemquam fugit,
cum multi pares dignitate fiant, unus autem primum *locum* solus
possit obtinere, non eundem esse ordinem dignitatis et renuntiatio-
nis, propterea quod renuntiatio gradus habet, dignitas autem est
persaepe eadem omnium. Sed quaestura utriusque propemodum 5
pari momento sortis fuit. Habuit hic lege Titia provinciam taci-
tam et quietam, tu illam, cui, cum quaestores sortiuntur, etiam
adclamari solet, Ostiensem, non tam gratiosam et inlustrem quam
negotiosam et molestam. Consedit utriusque nomen in quaestura; nullum enim vobis sors campum dedit, in quo excurrere 10
virtus cognoscique posset.

9. Reliqui temporis spatium in contentionem vocatur: ab
utroque dissimillima ratione tractatum est. Servius hic nobiscum
hanc urbanam militiam respondendi, scribendi, cavendi, plenam
sollicitudinis ac stomachi, secutus est: ius civile didicit; multum 15

2. *fiant = creentur,* wie § 50
si ille factus esset.
4. *gradus habet,* d. h. sie erfolgt
successive.
6. *momento* 'Ausschlag', d. h.
die Quaestur, die beiden durch des
Looses Entscheidung zufiel, war
von gleicher Qualität, neml. für keinen besonders günstig.
lege Titia, von der nichts weite-
res bekannt ist. Sie scheint Bestimmungen über die quästorischen
provinciae 'Geschäftskreise' und
deren Vertheilung enthalten zu
haben.
8. *adclamare* 'spöttisch zurufen'.
Ostiensem. Ausser den zwei *quaestores urbani* gab es mehrere Quaestoren für Italien, von denen einer
zu Ostia als dem Hauptstapelplatz
für die Getreidezufuhr seine Station
hatte.
9. *consedit,* eine uns fremde Me-
tapher, 'er ruhte', d. h. er wurde
nicht genannt, war nicht im Munde
der Leute.
12. *in contentionem vocatur* 'wird
in Vergleichung gezogen'. Cic. geht
von der Quaestur sogleich auf die
Prätur über, weil keiner der beiden
Gegner weder Volkstribun (welches
Amt Sulpicius als Patricier nicht
führen konnte) noch Aedil gewesen
war. Beide Aemter konnten übergangen werden, wenn es auch selten der Fall war, dass nicht wenigstens das eine von beiden nach der
Quaestur bekleidet wurde.
13. *tractatum* 'verwendet', wenn
nicht *transactum* zu lesen ist; vgl.
jedoch Auct. ad Herenn. 4, 24, 33:
*an ad suam revertetur antiquam vitam
alicubi honeste tractatam?*
14. *urbanam militiam* 'den Dienst
in der Stadt', scherzhafte Bezeich-
nung der Thätigkeit eines Rechtsgelehrten.
respondendi, scribendi, cavendi,
womit die Hauptzweige der damaligen juristischen Praxis begriffen
sind: das *respondere,* Gutachten und
Bescheide auf Befragung (*consulere*)
über Rechtsgeschäfte ertheilen; das
scribere, Rechtsinstrumente aller
Art, wie Testamente, Verträge,
Klagformeln etc. abfassen; das *ca-
vere,* Sicherungsmassregeln angeben
oder schriftlich abfassen, durch
welche Parteien bei Eingehung eines
Rechtsgeschäfts vor etwaigem Schaden sollen gesichert werden. Vgl.
de orat. I, § 212: *Sin autem quae-
reretur, quisnam iuris consultus
vere nominaretur, eum dicerem, qui
legum et consuetudinis eius, qua
privati in civitate uterentur, et ad*

PRO L. MURENA c. 9. § 19—21. 31

vigilavit laboravit, praesto multis fuit, multorum stultitiam perpessus est, arrogantiam pertulit, difficultatem exsorbuit: vixit ad aliorum arbitrium, non ad suum. Magna laus et grata omnibus, unum hominem elaborare in ea scientia, quae sit multis profutura. Quid Murena interea? Fortissimo et sapientissimo viro, 20 summo imperatori legatus L. Lucullo fuit: qua in legatione duxit exercitum, signa contulit, manum conseruit, magnas copias hostium fudit, urbes partim vi, partim obsidione cepit, Asiam istam refertam et eandem delicatam sic obiit, ut in ea neque avaritiae neque luxuriae vestigium reliquerit; maximo in bello sic est versatus, ut hic multas res et magnas sine imperatore gesserit, nullam sine hoc imperator. Atque haec quamquam praesente L. Lucullo loquor, tamen, ne ab ipso propter periculum nostrum concessam videamur habere licentiam fingendi, publicis litteris testata sunt omnia, quibus L. Lucullus tantum *huic* laudis impertit, quantum neque ambitiosus imperator neque invidus tribuere alteri in communicanda gloria debuit. Summa in utroque est ho- 21 nestas, summa dignitas: quam ego, si mihi per Servium liceat, parem atque in eadem laude ponam. Sed non licet: agitat rem militarem, insectatur totam hanc legationem, assiduitatis et operarum harum cotidianarum putat esse consulatum. Apud exercitum mihi fueris? inquit, tot annis forum non attigeris? afueris

respondendum et ad agendum et ad cavendum peritus esset.
2. *difficultatem* 'Eigensinn, Starrköpfigkeit'.
exsorbuit: wir sagen mit schwächerem Bilde 'verwinden'.
3. *laus* 'Verdienst'.
4. *sit profutura*, 'darnach angethan ist zu nützen, n. kann'.
6. *legatus*, Einl. § 3.
L. Lucullo ist vielleicht aus Interpolation hier eingesetzt; denn gut bemerkt Kayser, dass es wohl eine absichtliche Feinheit war den anwesenden Lucullus nicht sogleich zu nennen, sondern nur mit ehrenden Prädikaten zu bezeichnen, zu welcher Annahme auch die ungewöhnliche Stellung des Namens berechtigt.
9. *refertam*, absolut, wie de orat. I, § 161: *tamquam in aliquam locupletem ac refertam domum venerim*. de Rep. II, 24: *Suessam Pometiam, urbem opulentam refer-*

tamque cepit.
et eandem 'und dabei'; *delicatam* 'genusssüchtig', wie § 74.
12. *praesente*, s. Einl. § 11.
13. *tamen* — *testata sunt*, s. zu S. 27, 5.
nostrum, indem Cic. M.'s Sache zugleich als die seinige betrachtet.
14. *publicis* 'officielen', die L. während des Kriegs aus Asien an den Senat gesandt hatte.
15. *impertit*: das Praesens, weil sich Cic. auf die vorliegenden Berichte bezieht.
quantum — *debuit*: wir sagen in etwas anderer Form: wie ein Feldherr, der ehrsüchtig oder neidisch war, nicht nöthig gehabt hätte zuzuerkennen.
21. *harum* sc. forensium.
22. *fueris*, rhetorischer Conjunctiv der missbilligenden Frage: du solltest gewesen sein? du sagst, du seiest gewesen, und willst doch einen

tam diu, et cum longo intervallo veneris, cum his, qui in foro habitarint, de dignitate contendas? Primum ista nostra assiduitas, Servi, nescis quantum interdum adferat hominibus fastidii, quantum satietatis. Mihi quidem vehementer expediit positam in oculis esse gratiam, sed tamen ego mei satietatem magno meo labore superavi, et tu item fortasse: verum tamen utrique nostrum desiderium nihil obfuisset. Sed ut hoc omisso ad studiorum atque artium contentionem revertamur, qui potest dubitari quin ad consulatum adipiscendum multo plus adferat dignitatis rei militaris quam iuris civilis gloria? Vigilas tu de nocte, ut tuis consultoribus respondeas, ille, ut eo, quo intendit, mature cum exercitu perveniat: te gallorum, illum bucinarum cantus exsuscitat: tu actionem instituis, ille aciem instruit: tu caves ne tui consultores, ille ne urbes aut castra capiantur: ille tenet et scit, ut hostium copiae, tu, ut aquae plu-

Wettstreit *de dignitate* beginnen? Vgl. zu p. Sulla § 44.
1. *in foro habitare* 'auf dem Forum zu Hause sein', von ihm nie wegkommen, wie Cic. Brut. § 305 *in rostris habitare*, de Orat. I, § 264 *in subselliis habitare*, p. Planc. § 66 *in oculis habitare*.
2. *primum ista n. assid.* Die Voranstellung des Subjects drücken wir durch die Wendung 'was zuerst betrifft' aus.
4. *quidem* 'allerdings'.
5. *positam — gratiam* 'dass das Beliebtsein auf den Augen beruht'. d. h. wer beliebt werden und bleiben will, muss gesehen werden, vor den Augen stehn. Cic. sagt von sich selbst p. Planc. § 66: *fcei ut postea cotidie me praesentem viderent: habitavi in oculis, pressi forum, neminem a congressu meo neque ianitor meus neque somnus absterruit.*
sed bezieht sich nicht auf das nächste Glied, sondern auf *nihil obfuisset*; der concessive Zwischensatz steht coordiniert, wo wir sagen: aber während ich doch wenigstens .. überwunden habe, so hätte doch nichts geschadet.
7. *nostrum desiderium* 'ein Vermissen von uns', wenn man uns ver-

misst hätte, also hier = *absentia*; vgl. Cic. ad Att. 2, 5, 1: *cupio equidem et iam pridem cupio Alexandream reliquamque Aegyptum visere et simul ab hac hominum satietate discedere et cum aliquo desiderio reverti.*
8. *studiorum* 'Berufsarten', *artium* 'Wissenschaften, Kenntnisse'.
10. *iuris civilis gloria* mit ironischem Anstrich, da der scientia iuris civilis nur *laus* zukam.
de nocte, wie § 69 'einen Theil der Nacht, noch vor Tages Anbruch'; vgl. Zumpt § 308.
11. *quo intendit* 'Marschziel'.
12. *gallorum*, vgl. Hor. Serm. 1, 1, 9: *Agricolam laudat iuris legumque peritus, Sub galli cantum consultor ubi ostia pulsat.*
bucinarum, mit denen die vigiliae im römischen Lager angezeigt wurden; Censor. de die nat. 22: *alii diem quadripertito, sed et noctem similiter dividebant, idque similitudo testatur militaris, ubi dicitur vigilia prima, item secunda et tertia et quarta.*
13. *actionem instituis* 'leitest eine Klage ein'.
14. *capiantur* 'überrumpelt werden'.
15. *ut aquae pluviae arceantur.*

viae arceantur: ille exercitatus est in propagandis finibus, tu in regendis. Ac nimirum — dicendum est enim quod sentio — rei militaris virtus praestat ceteris omnibus. **10.** Haec nomen populo Romano, haec huic urbi aeternam gloriam peperit, haec orbem terrarum parere huic imperio coëgit: omnes urbanae res, omnia haec nostra praeclara studia et haec forensis laus et industria latent in tutela ac praesidio bellicae virtutis. Simulatque increpuit suspicio tumultus, artes ilico nostrae conticescunt. Et quoniam mihi videris istam scientiam iuris tamquam filiolam osculari tuam, non patiar te diutius in tanto errore versari, ut istud nescio quid, quod tanto opere dilexisti, praeclarum aliquid esse arbitrere. Aliis ego te virtutibus, continentiae, gravitatis, iustitiae, fidei. ceteris omnibus, consulatu et omni honore semper dignissimum iudicavi: quod quidem ius civile didicisti, non dicam, operam perdidisti, sed illud dicam, nullam esse in ista disciplina munitam ad consulatum viam. Omnes enim artes, quae nobis populi Romani studia concilient, et admirabilem dignitatem et pergratam utilitatem debent habere. **11.** Summa dignitas est in iis, qui militari laude antecellunt: omnia enim, quae

Wenn einer das Regenwasser durch künstliche Anlagen (*opere facto*) von seinem Grundstücke abwendete und durch Zuführung dem Nachbar schadete, so stand dem Beeinträchtigten die *aquae pluviae arcendae actio* zu, die auf Wiederherstellung des früheren Zustandes gerichtet war. Die Worte *tu (scis) ut . . arceantur* sind nun so zu verstehen, dass der Jurist wisse, wie in einem solchen Falle die Klage angestellt werde.
1. *in propagandis* sc. imperii Romani, *in regendis* sc. agrorum 'in Absteckung und Feststellung von Ackergrenzen', damit die *fines* von zwei oder mehreren nebeneinanderliegenden Grundstücken nicht in Verwirrung gerathen.
7. *latent* 'sind geborgen', wie Liv. 34, 9, 10: *erant etiam co tutiores, quod sub umbra Romanae amicitiae latebant.*
8. *tumultus*: so sagt Cicero, nicht *belli*, weil nur bei einem Krieg in Italien, den man speciell *tumultus* nannte, ein '*iustitium*' Gerichtsstillstand' eintrat; s. Phil. V, § 31:

tumultum decerni, iustitium edici, saga sumi dico oportere.
9. *iuris* ist vielleicht erklärender Zusatz.
10. *osculari* 'herzen'.
11. *istud nescio quid*, 'ich weiss nicht wie ich es nennen soll', mit geringschätzigem Ausdrucke.
dilexisti 'liebgewonnen', in's Herz geschlossen hast', mit Bezug auf *tamquam filiolam tuam.*
12. *aliis virtutibus — consulatu dignissimum*, seltene Verbindung zweier verschiedener Ablative in einem Satze.
continentiae etc. Genetiv der näheren Bestimmung, wo wir uns einfacher Apposition bedienen, s. Madv. § 286 A. 2.
14. *quidem*, s. zu S. 25, 15.
17. *concilient*, welche die Eigenschaft haben zu erwerben, von denen man solches erwarten darf.
19. *quae sunt in imperio*, 'was im Bereich der Oberherrlichkeit liegt', d. h. worauf diese bedingt ist; *in statu* 'fester, sicherer Bestand', s. zu p. Sest. § 1.

sunt in imperio et in statu civitatis, ab his defendi et firmari putantur; summa etiam utilitas, si quidem eorum consilio et periculo cum re publica tum etiam nostris rebus perfrui possumus. Gravis etiam illa est et plena dignitatis facultas, quae saepe valuit in consule deligendo, posse consilio atque oratione et senatus et populi et eorum, qui res iudicant, mentes permovere. Quaeritur consul, qui dicendo nonnumquam comprimat tribunicios furores, qui concitatum populum flectat, qui largitioni resistat. Non mirum, si ob hanc facultatem homines saepe etiam non nobiles consulatum consecuti sunt, praesertim cum haec eadem res plurimas gratias, firmissimas amicitias, maxima studia pariat. Quorum in isto vestro artificio, Sulpici, nihil est.
25 Primum dignitas in tam tenui scientia non potest esse: res enim sunt parvae, prope in singulis litteris atque interpunctionibus verborum occupatae. Deinde, etiamsi quid apud maiores nostros fuit in isto studio admirationis, id enuntiatis vestris mysteriis totum est contemptum et abiectum. Posset agi lege necne,

2. *consilio*, Umsicht, Klugheit in Führung eines militärischen Commandos, vgl. § 33.
3. *nostris*, i. e. *privatis*.
5. *valuit* 'den Ausschlag gab'.
posse, nähere Bestimmung von *facultas*; zum Gedanken vgl. die zu S. 28, 9 aus Cic. de orat. mitgetheilte Stelle.
6. *qui res iudicant*, s. Zumpt § 714, 3.
8. *largitioni*, wenn Volkstribunen durch Anträge über Acker- oder Getreidevertheilung (*leges agrariae et frumentariae*) nach der Volksgunst streben. Cicero hat bekanntlich selbst als Consul die lex agraria des Tribunen P. Servilius Rullus bekämpft.
10. *non nobiles*, wie Cicero selbst.
11. *eadem res*, durch den Schutz vor Gericht.
plurimas gratias 'Dankbarkeit, dankbare Verbindlichkeiten'; der Plural, wie § 42 *multas bonas gratias*, weil von einer nach vielen Seiten hin erworbenen *gratia* die Rede ist = *plurimorum gratias*.
12. *artificio* 'Kunstfertigkeit', mit absichtlicher Verkleinerung.

13. *dignitas* etc., vgl. dazu Cicero's Urtheil über den Werth der Jurisprudenz de orat. I, c. 55.
tenui, 'kleinlich'.
13. *res* die Gegenstände, mit denen sich die scientia befasst.
14. *in singulis litteris*, s. de orat. I, 55, 236: *est iuris consultus ipse per se* (ohne zugleich Redner zu sein) *nihil nisi leguleius quidam cautus et acutus, praeco actionum, cantor* (Herableierer) *formularum, auceps syllabarum* (Silbenstecher).
interpunctionibus verborum. So führt Quintil. 7, 9, 5 den Fall an: *si quis corpus suum inculto loco poni iubeat circaque monumentum multum agri ab heredibus in tutelam cinerum leget*, ob da gemeint sei *in culto* oder *inculto loco*. Ein anderer Fall der Art bei Fortunatianus Rhet. 1, 24: *testamento* (aliquis) *ita cavit: amicus meus heres esto milesi: contendunt de hereditate Laesius* (mi *Laesi*) *et Milesius* (*Milesi*).
15. *occupatae* 'begriffen', beschränkt'.
17. *posset agi lege*, ob ein gerichtliches Verfahren an einem bestimm-

pauci quondam sciebant; fastos enim vulgo non habebant. Erant in magna potentia qui consulebantur, a quibus etiam dies tamquam a Chaldaeis petebantur. Inventus est scriba quidam Cn. Flavius, qui cornicum oculos confixerit et singulis diebus discendis fastos 5 populo proposuerit et ab ipsis capsis iuris consultorum eorum sapientiam compilarit. Itaque irati illi, quod sunt veriti, ne dierum ratione pervulgata et cognita sine sua opera lege agi posset, verba quaedam composuerunt, ut omnibus in rebus ipsi interessent.
12. Cum hoc fieri bellissime posset: 'fundus Sabinus 26

ten Tage eingeleitet werden konnte. *Lege agere* heisst nicht 'nach einem Gesetz verhandeln', sondern 'nach einem bestimmten Spruch Klage erheben'.

1. *fastos*, den Kalender, der ausser den Tagen der Kalendae, Nonae und Idus auch die Angabe enthielt, welche Tage *fasti*, d. h. Gerichtstage, und *nefasti* waren, bezeichnet mit *F* und *N*. Die Anordnung des Kalenders stand unter den *pontifices* und wurde von ihnen geheim gehalten, bis er v. Cn. Flavius 304 v. Chr. bekannt gemacht wurde.

2. *qui consulebantur*, was damals nur die Pontifices waren, die Bewahrer der geistlichen Wissenschaft und Rechtstraditionen.

3. *a Chaldaeis*, d. i. Sterndeutern, Wahrsagern, mit besonderer Beziehung auf die *dies atri*, die auch im Kalender standen.

petebantur 'erholt wurden', d. h. man liess sie von ihnen sich sagen.

Cn. Flavius. Livius 9, 46, 1: *Eodem anno Cn. Flavius Cn. filius scriba, patre libertino humili fortuna ortus, ceterum callidus vir et facundus, aedilis curulis fuit . . Civile ius repositum in penetralibus pontificum evulgavit fastosque circa forum in albo proposuit, ut quando lege agi posset, sciretur.* Wie Plinius Nat. hist. 33, 1, § 17 mittheilt, hatte er als scriba des Appius Caecus auf dessen Ermahnung die Gerichtstage ausgekundet (*exceperat*), was ihm durch fleissiges Nachfragen und eigene Combinationsgabe gelang.

4. *cornicum oculos confixerit* 'den Krähen die Augen aushacken' sprüchwörtlich für 'selbst die Vorsichtigsten täuschen'; vgl. p. Flacco § 46: *hic hercule cornici oculum, ut dicitur: nam hunc Hermippum, hominem eruditum, civem suum, cui debebat esse notissimus, percussit. diebus* ist Dativ.

5. *ab ipsis capsis*, worin sie ihre Rechtsregeln und Formeln verwahrt hatten. Vgl. Cic. div. in Caecil. § 51: *mihi quam multis custodibus opus erit, si te semel ad meas capsas admisero?* Cn. Flavius hat nicht blos die fasti bekannt gemacht, sondern auch die *legis actiones*, d. h. er verfasste ein juristisches Werk, in welchem er die vordem keinem uneingeweihten Auge zugänglichen Formeln und symbolischen Handlungen, nach denen eine Klage einzuleiten war, zusammenstellte (das sog. *ius Flavianum*); s. oben bei Livius: *civile ius repositum in penetralibus pontificum evulgavit.*

6. *dierum ratione*, im Sinne des späteren *rationarium* 'Verzeichniss der Tage'.

7. *verba* 'Formeln'. Witzig schreibt der Redner die Erfindung dieser Formeln, die längst bestanden und ebenso ein Geheimniss der Pontifices waren wie der Kalender, einer Rache der Juristen wegen des Verrathes des Flavius zu.

8. *interessent* 'die Hand im Spiele hätten'.

9. *bellissime* 'ganz schön, artig',

3*

meus est:' 'immo meus', deinde iudicium: noluerunt. fundus, inquit, qui est in agro, qui Sabinus vocatur. Satis verbose: cedo, quid postea? cum ego ex iure Quiritium meum esse aio. Quid tum? inde ibi ego te ex iure manum consertum voco. Quid huic tam loquaciter litigioso responderet ille, unde petebatur, non habebat. Transit idem iuris consultus, tibicinis Latini modo: Unde tu me, inquit, ex iure manum consertum vocasti, inde ibi ego te revoco. 5

aus der Umgangssprache, aus welcher *bellus* (nicht *pulcher*) in die romanischen Sprachen (*bello*, *beau*) übergegangen ist.
fundus. Cic. gibt als Beispiel die Formeln bei einem Vindicationsprocess an.
1. *noluerunt*, sc. iuris consulti.
4. *inde* etc. 'von daher (aus diesem Grunde) rufe ich dich auf um dort mit mir handgemein zu werden'. Die Parteien giengen neml. in den ältesten Zeiten mit dem Praetor nach dem Grundstücke und nahmen dort die gegenseitige Vindication vor. Mit der Ausdehnung des römischen Gebiets trat an die Stelle dieses Actes die Sitte, dass die Parteien, nachdem sie vor dem Praetor (*in iure*) gestanden waren, ohne dessen Begleitung eine Scholle vom Grundstück holten (*vindicias sumere*) und dann den Streit vor dem Prätor vornahmen. Endlich brachten die Parteien die Scholle von vorneherein bereits mit und legten sie ausser dem Tribunal nieder, worauf sie vom Praetor aufgefordert wurden nach dem Grundstück zu gehn und nun die Scholle sogleich herbeibrachten, um an ihr die symbolische Vindication zu vollziehen; vgl. Gellius Noct. att. XX, 10, 19: *Postquam praetores propagatis finibus . . proficisci vindiciarum dicendarum causa ad longinquas res gravabantur, institutum est contra XII tabulas tacito consensu, ut litigatores non in iure apud praetorem manum consertum vocarent, id est alter alterum ex iure ad conseren-*

dam manum in rem, de qua ageretur, vocaret, atque profecti simul in agrum, de quo litigabatur, terrae aliquid ex eo, uti unam glaebam, in ius in urbem ad praetorem deferrent et in ea glaeba tamquam in toto agro vindicarent.

ex iure heisst nicht 'nach dem Rechte', sondern im Gegensatz von *in iure* (s. zu S. 37, 10) 'vom Praetor weg' = ex eo loco, ubi praetor ius dicit, wie aus der so eben angeführten Stelle des Gellius erhellt.

6. *ille unde petebatur* sc. fundus; unser 'der Beklagte'.

transit auf die Seite des Beklagten, um den Souffleur zu machen, weil dieser, wie der Redner launig schildert, über dem Wortschwall ganz verdutzt stand.

7. *tibicinis L. modo*; denn diese unterstützten die Action des Schauspielers mit ihrem Instrument, indem sie von dem einen zum andern traten; vgl. Val.Max. 2, 4, 4: *Livius* (Andronicus), *sui operis actor, cum saepius a populo revocatus vocem obtudisset, adhibito pueri et tibicinis concentu gesticulationem tacitus peregit.*

Latini. Die tibicines, die ein Collegium bildeten, waren nicht römische Bürger, sondern Latiner, wie die Erzählung bei Livius 9, 30 zeigt, in ähnlicher Weise, wie alle Haruspices aus Etrurien waren.

unde, 'von wannen, dieweil'.
8. *revoco* 'rufe entgegen, rufe dich meinerseits'.

Praetor interea ne pulchrum se ac beatum putaret atque aliquid
ipse sua sponte loqueretur, ei quoque carmen compositum est,
cum ceteris rebus absurdum, tum vero in illo: s u i s u t r i s q u e
s u p e r s t i t i b u s p r a e s e n t i b u s istam viam dico; i t e
5 v i a m. Praesto aderat sapiens ille, qui inire viam doceret r e -
d i t e v i a m: eodem duce redibant. Haec iam tum apud illos
barbatos ridicula. credo, videbantur, homines, cum recte atque in loco constitissent, iuberi abire, ut, unde abissent, eodem statim redirent. Isdem ineptiis fucata sunt illa omnia:
10 q u a n d o t e i n i u r e c o n s p i c i o, et haec: a n n e t u d i c a s,
q u a e x c a u s a v i n d i c a v e r i s? Quae dum erant occulta,
necessario ab eis, qui ea tenebant, petebantur; postea vero

1. *pulchrum*, wenig verschieden von *beatum*, gleichfalls aus der Volkssprache, wie es scheint; s. Cic. de nat deor. I, § 114: *propone ante oculos deum nihil aliud in omni aeternitate nisi 'mihi pulchre est' et 'ego beatus sum' cogitantem.* Wir sagen: 'damit er sich nicht allzu behaglich fühle'.
atque, ungewöhnlich für *aut*.
2. *carmen* 'Spruch, Formel'.
3. *utrisque* ist Dativ.
4. *superstitibus* = testibus; s. Festus p. 305 M: *'Superstites' testes praesentes significat, cuius rei testimonium est, quod superstitibus praesentibus ii, inter quos controversia est, vindicias sumere iubentur.* Nach dieser Stelle und nach Servius, der zu Verg. Aen. III, 339 bemerkt: '*superstes*' *praesentem significat, ut Cicero in Murcniana 'suis utrisque superstitibus' i. e. praesentibus*, möchte man annehmen, dass *praesentibus* als Glossem zu *superstitibus* in den Text gerathen sei.
istam viam, nach dem Grundstück, beziehungsweise um die Scholle zu holen.
7. *barbatos*. Die Sitte des Bartscheerens wurde erst 300 v. Ch. von Sicilien nach Italien eingeführt.
10. *in iure* 'vor Gericht'. Der Ort neml., wo der Magistratus eine

Rechtshandlung vornahm, hiess *ius*, und alles was von ihm oder vor ihm gethan wurde, hiess *in iure* gethan. Vgl. Paulus ad Sabinum (Dig. l. 2, § 11): *alia significatione ius dicitur locus, in quo ius redditur, appellatione collata ab eo, quod fit, in eo, ubi fit, quem locum determinare hoc modo possumus: ubicumque praetor salva maiestate imperii salvoque more maiorum ius dicere constituit, is locus recte ius appellatur.* — Die vollständige Formel heisst nach Valerius Probus *de notis* (Gramm. Lat. ed. Keil IV, 274): *quando in iure te conspicio, postulo anne fuas auctor*, d. h. ob du für die Sache einstehst, dein Eigenthumsrecht erweisen willst.
anne du dicas, ebenfalls eine Formel aus dem Vindicationsverfahren. Nachdem neml. der Scheinstreit vor sich gegangen war, indem zuerst der Petitor, dann der Gegner die Sache als sein erklärt und als Zeichen seines Rechtes mit der *festuca*, einem Stäbchen, dem Symbol der römischen Kriegswaffe (*hasta*), berührt hatte, hiess der Prätor *rem* (oder *hominem*) *mittere*, die Sache fahren lassen. Darauf fragte *is qui prior vindicaverat*, also der Petitor, seinen Gegner um den Grund der vindicatio: *postulo anne dicas qua ex causa vindicaveris*, s. Gaius IV, 16.

pervulgata atque in manibus iactata et excussa inanissima
prudentiae reperta sunt, fraudis autem et stultitiae plenissima.
27 Nam cum permulta praeclare legibus essent constituta, ea
iure consultorum ingeniis pleraque corrupta ac depravata sunt.
Mulieres omnis propter infirmitatem consilii maiores in tutorum 5
potestate esse voluerunt: hi invenerunt genera tutorum, quae
potestate mulierum continerentur. Sacra interire illi noluerunt:

1. *in manibus iactata* 'nachdem
sie in den Händen hin und her bewegt', d. h. näher untersucht, *et excussa* 'und ausgebeutelt' waren, d.
h. ihr Gehalt geprüft und erkundet
war.
2. *fraudis*, weil, wer einen
Formfehler begieng, *causa cadebat*,
den Process verlor.
4. *iure consultorum*: die seltenere Form haben hier die Handschriften, hingegen §§ 25, 26 u. 28
iuris cons. Charisius I, p. 82 (Keil):
'*Iuris consultus*' dici debet, non
'*iure - consultus*', licet Cicero pro
Murena ita dixerit.
5. *mulieres omnis* etc. vgl. Gaius
I, 144: *veteres enim voluerunt feminas, etiam si perfectae aetatis
sint, propter animi levitatem in tutela esse.* Liv. 34, 2, 11: *maiores
nostri nullam, ne privatam quidem,
rem agere feminas sine tutore auctore* (ohne dass der Vormund bei
einer Rechtshandlung mitwirkte)
*voluerunt, in manu esse parentum,
fratrum, virorum.*
p. infirmitatem consilii; dafür
sagt Gaius a. a. O. *propter animi
levitatem*, hingegen Ulpian. XI, 1
feminis (tutores constituuntur) *et
propter sexus infirmitatem et propter forensium rerum ignorantiam.*
Näheres bei Rein, das Privatrecht
und der Civilprocess der Römer
S. 536.
6. *hi*, die Juristen.
quae potest. mul. continerentur
'die von den Frauen abhiengen'.
Das war in verschiedener Weise
möglich. Es konnte der Frau durch
das Testament ihres Ehegatten, in

dessen Gewalt (*manus*) sie war, das
Recht ertheilt werden sich einen
tutor zu wählen (s. Gaius I, 150-
154); natürlich wählte sie nur einen,
der ihr zu Gefallen war. An dieses
Verhältniss hat hier Cic. wohl
schwerlich gedacht, sondern vielmehr an folgendes. Eine Frau
konnte des Tutors, welchen sie hatte,
sich dadurch entledigen, dass sie
(mit ihrem Manne oder einem Fremden) *coemptionem fiduciae causa faciebat* (s. zu S. 39, 1), d. h. sich demselben mancipierte mit der Auflage
(*sub fiducia*) sofortiger Freilassung
aus dem dadurch begründeten Gewaltsverhältniss (*manus*). Diese
Entlassung geschah wieder durch
Mancipation an eine beliebige dritte
Person und durch eine von dieser
vorgenommene sofortige Manumission. Nach der Freilassung trat
nun die Frau in die Tutel des Freilassers. Ein solcher Tutor hiess
fiduciarius, weil ihm die Frau nur
sub fiducia manu mittendi mancipiert worden war. Gaius I, 115: *si
qua velit quos habet tutores reponere, ut alium nanciscatur, iis auctoribus coëmptionem facit; deinde
a coëmptionatore remancipata ei,
cui ipsa velit, et ab eo vindicta manu
missa incipit eum habere tutorem,
a quo manu missa est.*
7. *sacra* sc. privata, d. i. Opfer
und Festlichkeiten, die den Schutzgottheiten einer *familia* oder *gens*
geweiht waren. Die Verpflichtung
sie fortzuführen gieng auf die Erben
über, s. Cic. de legg. II, § 48 f. Da
nun deren Besorgung mit grossen
Kosten verbunden war, suchte man

horum ingenio senes ad coëmptiones faciendas interimendorum sacrorum causa reperti sunt. In omni denique iure civili aequitatem reliquerunt, verba ipsa tenuerunt, ut, quia in alicuius libris exempli causa id nomen invenerant, putarunt, omnes mulieres, 5 quae coëmptionem facerent, Gaias vocari. Iam illud mihi quidem mirum videri solet, tot homines tam ingeniosos post tot annos etiam nunc statuere non potuisse, utrum d i e m t e r t i u m

in einer Zeit, wo die Achtung vor dem alten Cultus geschwunden war, auf verschiedene Weise sich ihrer zu entledigen, Frauen dadurch, dass sie mit einem kinder- und vermögenlosen alten Manne eine coemptio eingiengen. Dadurch kam ihr ganzes Vermögen und die daran haftende Verpflichtung an den *coemptionator*, der nun die Frau nach Verabredung sogleich wieder aus seiner Gewalt liess und der entlassenen ihr Vermögen zurückerstattete. Die *sacra* aber behielt er gegen ausgemachte Entschädigung von Seite der Frau bis zu seinem Tode, bei dessen Eintritt sie für immer erloschen (*interierunt*), wenn er weder Vermögen noch Kinder besass.

1. *ad coëmptiones faciendas*, 'um einen Zusammenkauf einzugehn', so genannt, weil die Form der *mancipatio* ein symbolischer Kauf war; s. Gaius I, § 113: *coëmptione in manum conveniunt* (mulieres) *per mancipationem, i. e. per quandam imaginariam venditionem, adhibitis non minus quam quinque testibus civibus Romanis puberibus, item libripende* (s. zu p. 19, 17), *asse* (um ein As) *emente mulierem eo, cuius in manum convenit. Potest autem coëmptionem facere mulier non solum cum marito suo, sed etiam cum extraneo, unde aut m a t r i m o n i i c a u s a facta coëmptio dicitur aut f i d u c i a e c a u s a : quae enim cum marito suo facit coëmptionem, ut apud eum filiae loco sit, dicitur matrimonii causa fecisse coëmptionem: quae vero alterius rei causa facit coëmptionem cum viro suo aut cum extraneo, velut t u t e l a e c v i t a n d a e c a u s a , dicitur fiduciae causa fecisse coëmptionem*.

3. *in alicuius libris*, der die bei einer Coemptio üblichen Ceremonien zusammengestellt hatte.

4. *exempli causa* wird in der guten Latinität nur in vollständigen Sätzen, und zwar bes. in Verbindung mit *adferre, proferre, nominare* etc. gebraucht, so hier 'um einen beliebigen Namen als Beispiel zu gebrauchen'. Unser 'z. B.' heisst im Lat. *ut* oder *velut*, wie sogleich Z. 3. Vgl. zur or. p. Rosc. Am. § 27.

5. *Gaias vocari*. Zu den Hochzeitsgebräuchen bei der strengeren Form der Ehe, durch welche die Frau in die *manus* des Gatten kam, gehörte auch dass der Bräutigam an die Braut, ehe sie die Schwelle des neuen Hauses überschritt, die Frage stellte, wie sie heisse (s. liber de praenom. a. E. bei Valer. Max.), worauf sie antwortete: *quando tu Gaius, ego Gaia* (so nach Mommsen, Röm. Forschungen I, 11), d. h. dieweil du Gaius, so heisse ich Gaia, mit welcher Formel sie den förmlichen Uebertritt in die gens des Mannes erklärte und *filiae loco* wurde, d. h. in ein der Tochter ähnliches Verhältniss trat, so dass der Mann eine Art von *patria potestas* über sie erhielt.

7. *statuere non potuisse*. Cic. spottet darüber, dass die Juristen sich in gewissen Formeln, um Chikanen der Gegenpartei vorzubeugen, doppelter Bezeichnungen einer Sache bedienten. So hiess es *in vadimoniis constituendis* nach Pro-

an perendinum, iudicem an arbitrum, reman litem dici
28 oporteret. 13. Itaque, ut dixi, dignitas in ista scientia [consularis] numquam fuit, quae tota ex rebus fictis commenticiisque constaret, gratia vero multo etiam minus. Quod enim omnibus patet et aeque promptum est mihi et adversario meo, id esse 5 gratum nullo pacto potest. Itaque non modo beneficii collocandi spem, sed etiam illud, quod aliquamdiu fuit, 'licet consulere?' iam perdidistis. Sapiens existimari nemo potest in ea prudentia, quae neque extra Romam usquam neque Romae rebus prolatis quidquam valet; peritus ideo nemo haberi potest, quod in eo, quod 10 sciunt omnes, nullo modo possunt inter se discrepare; difficilis autem res ideo non putatur, quod et perpaucis et minime obscuris litteris continetur. Itaque, si mihi homini vehementer oc-

bus (Gr. lat. IV, 274) *in diem tertium sive perendinum*, und ebendaselbst in einer anderen Formel: *te, praetor, iudicem arbitrumve postulo uti des*, und bei Varro de lingua lat. VII, § 93: *quibus res erat in controversia, ea vocabatur lis; ideo in actionibus videmus dici: quam rem sive litem dicere oportet.*
1. *iudicem an arbitrum*. *Arbiter* war entweder der ohne Zuziehung eines Magistrats genommene Schiedsrichter oder der vom Magistrate eingesetzte Richter (*iudex* im technischen Sinn), wenn die ihm vom Magistrat ertheilte Formel einen weiteren Spielraum gewährte. Daher die Eintheilung der *iudicia privata* in *iudicia* im engeren Sinne und in *arbitria*, erstere die strengeren Processe, letztere die milderen oder freien. Als *iudex* in diesem Sinne ist immer ein Einzelnrichter zu denken, den der Praetor in einer causa privata bestellte.
2. *consularis* ist wahrscheinlich, wie schon der Gegensatz *gratia* zu *dignitas* zeigt, ein Glossem; auch oben § 25 sagt Cic. nur: *primum dignitas in tam tenui scientia non potest esse.*
5. *promptum* 'zugänglich'.
6. für *itaque*, das eben vorausgieng (Z. 2) vielleicht richtiger *atque*, wie Muther vorschlug.

7. *licet consulere?* womit Cic. glauben machen will, dass *enuntiatis iuris consultorum mysteriis* der frühere Zudrang um Rechtsbescheide bedeutend nachgelassen habe.
8. *in ea prudentia* 'bei, im Bereich einer solchen Kenntniss'; zu *prudentia* vgl. Nep. Cim. 2: *habebat* (Cimon) *magnam prudentiam cum iuris civilis tum rei militaris.*
9. *rebus prolatis*, d. h. bei Eintritt von Gerichtsstillstand, sei es wegen der Gerichtsferien oder aus anderen Gründen, wie z. B. in Zeiten der Noth und Gefahr etc.
10. *peritus*, wozu *in ea prudentia* herabzudenken ist, 'als besonders kundig, erfahren'.
11. *difficilis*, s. Cic. de orat. I, § 192: *omnia sunt enim* (in iure civili) *posita ante oculos, collocata in usu cotidiano, in congressione hominum atque in foro, neque ita multis litteris aut voluminibus continentur: eadem enim sunt elata primum a pluribus, deinde paucis verbis commutatis etiam ab eisdem scriptoribus scripta sunt saepius.*
12. *perpaucis litteris* (= libris). Cic. spricht vom Privatrecht, welches damals nur in den zwölf Tafeln, einigen wenigen Gesetzen und den prätorischen Edikten niedergelegt war, wozu noch die Kenntniss der erwähnten Formeln nöthig war.

cupato stomachum moveritis, triduo me iuris consultum esse
profitebor. Etenim quae de scripto aguntur, scripta sunt omnia,
neque tamen quidquam tam anguste scriptum est, quo ego non
possim 'qua de re agitur' addere: quae consuluntur autem,
5 minimo periculo respondentur. Si id, quod oportet, responderis,
idem videare respondisse, quod Servius, sin aliter, etiam contro-
versum ius nosse et tractare videare.

Quapropter non solum illa gloria militaris vestris formulis 29
atque actionibus anteponenda est, verum etiam dicendi consue-
10 tudo longe et multum isti vestrae exercitationi ad honorem an-
tecellit. Itaque mihi videntur plerique initio multo hoc maluisse,
post, cum id adsequi non potuissent, istuc potissimum sunt de-
lapsi. Ut aiunt in Graecis artificibus eos auloedos esse, qui citharoedi fieri non potuerint, sic apud nos videmus, qui oratores
15 evadere non potuerint, eos ad iuris studium devenire. Magnus
dicendi labor, magna res, magna dignitas, summa autem gratia:

1. *triduo — profitebor*, d. h.
ich werde es in drei Tagen so weit
bringen, dass ich mich für einen
Rechtsgelehrten erklären kann. A.
Gellius erwähnt eine Schrift des
Cicero *de iure civili in artem redigendo*.
2. *quae de scripto aguntur* etc.
Sachen, die nach einem Concept vor
Gericht vorgetragen werden, sind
alle schon von früheren Rechtsgelehrten schriftlich behandelt und in
Büchern zusammengestellt.
3. *tam anguste* 'so eng'.
4. *qua de re agitur:* Spott auf
den häufigen Gebrauch dieser Wendung in juristischen Klagformeln;
vgl. Cic. Top. § 95: *quae ex statu
contentio efficitur*, eam Graeci χρι-
νόμενον *vocant; mihi placet id,
quoniam ad te* (an den Juristen Tre-
batius) *scribo, 'qua de re agitur'
vocari*; Brutus § 275: *'qua de re
agitur' autem illud, quod multis
in locis iuris consultorum includi-
tur formulis, id ubi esset videbat*,
d. h. er wusste leicht den Angel-
punkt einer Sache zu finden.
quae consuluntur 'worüber münd-
liches Gutachten erholt wird'; *respondentur* 'wird beschieden'.
8. *formulis* 'Wortformeln', von

der Fassung, in welcher eine Klage
einzubringen war, *actionibus* 'Kla-
geordnungen'; vgl. p. Rosc. comoe-
do § 24: *sunt iura, sunt formulae
de omnibus rebus constitutae, ne
quis aut in genere iniuriae aut in
ratione actionis errare possit. Ex-
pressae sunt enim ex unius cuiusque damno, dolore, incommodo, calamitate, iniuria publicae a praetore
formulae, ad quas privata lis ac-
commodatur*.
10. *ad* 'in Bezug auf'.
12. *istuc*, ad ius civile, mit Anspielung auf Sulpicius selbst; s. Cic.
Brut. § 151: *Non facile quem dixerim plus studii quam illum* (Ser.
Sulpicium) *et ad dicendum et ad
omnes bonarum rerum disciplinas
adhibuisse. Nam et in isdem exer-
citationibus ineunte aetate fuimus,
et postea Rhodum ille etiam profectus est . . et inde ut rediit, videtur
mihi in secunda arte* (in iure civili)
*primus esse maluisse quam in pri-
ma* (in eloquentia) *secundus*.
13. *citharoedi*, die mit der Kunst
des Citherspiels die noch schwieri-
gere des Gesanges verbanden.
16. *res* 'Aufgabe', wenn nicht mit
B a k e *ars* zu lesen ist.

etenim a vobis salubritas quaedam, ab iis, qui dicunt, salus ipsa petitur. Deinde vestra responsa atque decreta et evertuntur saepe dicendo et sine defensione oratoris firma esse non possunt. In qua si satis profecissem, parcius de eius laude dicerem: nunc nihil de me dico, sed de iis, qui in dicendo magni sunt aut 5 fuerunt.

30   14. Duae sunt artes, quae possunt locare homines in amplissimo gradu dignitatis: una imperatoris, altera oratoris boni; ab hoc enim pacis ornamenta retinentur, ab illo belli pericula repelluntur. Ceterae autem virtutes ipsae per se multum valent, 10 iustitia, fides, pudor, temperantia, quibus te, Servi, excellere omnes intellegunt, sed nunc de studiis ad honorem adpositis, non de insita cuiusque virtute disputo. Omnia ista nobis studia de manibus excutiuntur, simulatque aliquo motu novo bellicum canere coepit. Etenim, ut ait ingeniosus poëta et auctor valde 15 bonus, proeliis promulgatis p e l l i t u r e m e d i o non solum ista vestra verbosa simulatio prudentiae, sed etiam ipsa illa domina rerum, s a p i e n t i a : v i g e r i t u r r e s, s p e r n i t u r o r a t o r, non solum odiosus in dicendo ac loquax, verum etiam b o n u s : h o r-

---

1. *salubritas quaedam*, ein gewisses Mass von Heilkräftigkeit.

4. *in qua*, eine Constructio ad synesin; denn wenn sich auch das Relativ auf *defensione oratoris* bezieht, so ist doch daraus der allgemeinere Begriff *ars dicendi* zu entnehmen. E r n e s t i wollte *in quo* sc. *dicendo* schreiben; man könnte auch an den Ausfall von *re* oder *arte* denken.

nunc 'so aber'.

9. *pacis ornamenta*, was zur Würde des Staates im Frieden dient, hier mit besonderer Beziehung auf die Wirksamkeit des Redners im Senat.

retinentur = conservantur.

10. *ceterae multum valent* steht concessiv zu *sed*: sie haben allerdings einen hohen Werth, indes etc.

11. *pudor* 'Ehrgefühl'.

12. *ad honorem appositis* = aptis, idoneis, wofern die Lesart richtig und nicht in der fehlerhaften Ueberlieferung *dispositis* ein Glossem zu erkennen ist; vgl. § 41 *egregia et ad consulatum apta provincia*.

15. *poëta*, Q. Ennius.

auctor valde bonus 'ganz verlässiger Gewährsmann', auf den man sich mit bestem Fuge berufen kann.

16. *proeliis promulgatis*, eine dichterische Phrase, daher ohne Zweifel aus der Stelle des Ennius, auf die hier Cic. anspielt, entlehnt.

pellitur e medio: die Stelle ist aus dem 8. Buche von Ennius Annalen, aus dem Gellius XX, 10 folgende 6 Verse aufführt: *Pellitur e medio sapientia, vi geritur res, Spernitur orator bonus, horridus miles amatur. Haud doctis dictis certantes, sed maledictis Miscent inter sese inimicitias agitantes. Non ex iure manum consertum, sed magi' ferro Rem repetunt regnumque petunt, vadunt solida vi.*

17. *simulatio prudentiae* 'Scheinklugheit'.

18. *sapientia*, d. i. hier die Beredsamkeit, die in allen *res publicae* die Hauptentscheidung führt.

ridus miles amatur, vestrum vero studium totum iacet. Non ex iure manum consertum, sed ferro, inquit, rem repetunt. Quod si ita est, cedat, opinor, Sulpici, forum castris, otium militiae, stilus gladio, umbra soli: sit denique in civitate ea prima ars, propter quam ipsa est civitas omnium princeps. Verum haec Cato nimium nos nostris verbis magna facere 31 demonstrat et oblitos esse bellum illud omne Mithridaticum cum mulierculis esse gestum. Quod ego longe secus existimo, iudices, deque eo pauca disseram; neque enim causa in hoc continetur. Nam si omnia bella, quae cum Graecis gessimus, contemnenda sunt, derideatur de rege Pyrrho triumphus M'. Curii, de Philippo T. Flaminini, de Aetolis M. Fulvii, de rege Perse L. Paulli, de Pseudophilippo Q. Metelli, de Corinthiis L. Mummii: sin haec bella gravissima victoriaeque eorum bellorum clarissimae fuerunt, cur Asiaticae nationes atque ille a te hostis contemnitur? Atqui ex veterum rerum monumentis vel maximum bellum populum Romanum cum rege Antiocho gessisse video: cuius belli victor L. Scipio aequa parta cum Publio fratre gloria, quam laudem ille Africa oppressa cognomine ipso prae se ferebat, eandem hic sibi ex Asiae nomine adsumpsit. Quo quidem in bello virtus enituit 32

1. *vero* 'vollends'.
2. *ex iure:* über die Bedeutung s. zu S. 36. 4, wenn auch der Dichter im Gegensatz zu *ferro* sich hier mag erlaubt haben, der feststehenden Formel in poetischer Licenz einen anderen Sinn unterzulegen.
  consertum sc. vocant ad rem repetendam.
4. *umbra soli,* d. h. eine *vita umbratilis,* das zurückgezogene Studienleben eines Rechtsgelehrten, dem Leben des Kriegers im Staub und in der Sonnengluth.
5. *propter quam* 'der es zu verdanken ist dass'.
8. *mulierculis* 'schwachen Weibern'.
10. *nam* bezieht sich auf *quod ego longe secus existimo.*
11. *triumphus M'. Curii,* im J. 275 (*de Samnitibus et rege Pyrrho*) nach der Schlacht bei Beneventum, *T. (Quinctii) Flaminini* 194 nach dem Siege bei Kynoskephalae (197), *M. Fulvii (Nobilioris)* 188 (*de Aetolis et Cephallenia*), *L. (Aemilii) Paulli*

167, nach der Schlacht bei Pydna 168, *Q. (Caecilii) Metelli* 146 (*ex Macedonia de Andrisco Pseudophilippo*), *L. Mummii* 145 (*de Achaeis et Corinthiis*) nach der Eroberung von Korinth 146.
15. *Asiaticae nationes:* es ist besonders an Kleinasien zu denken, wo die griechische Sprache die vorherrschende war. Sonst wäre die Folgerung aus den Siegen über Griechen unlogisch.
  ille hostis, Mithridates.
  contemnitur. über den Singularis s. zu S. 27, 6.
16. *veterum rerum* 'der alten Geschichte'.
18. *L. Scipio* Asiaticus; dass der eigentliche Sieger sein Bruder, der ältere Africanus, war, ist aus der Geschichte bekannt; s. Momms. R. G. I, 734 (3).
19. *prae se ferebat* 'zur Schau trug, erkennen liess'.
  hic, die Wiederaufnahme des Subjects durch den Gegensatz bedingt.

egregia M. Catonis, proavi tui: quo ille, cum esset, ut ego mihi statuo, talis, qualem te esse video, numquam esset profectus, si cum mulierculis bellandum arbitraretur. Neque vero cum P. Africano senatus egisset, ut legatus fratri proficisceretur, cum ipse paulo ante Hannibale ex Italia expulso, ex Africa eiecto, Cartha- 5 gine oppressa, maximis periculis rem publicam liberasset, nisi illud grave bellum et vehemens putaretur. 15. Atqui si diligenter, quid Mithridates potuerit et quid effecerit et qui vir fuerit, consideraris, omnibus regibus, quibuscum populus Romanus bellum gessit, hunc antepones: quem L. Sulla, maximo et fortissimo 10 exercitu, pugnax et acer et non rudis imperator, ut aliud nihil dicam, cum bellum invexisset totam in Asiam, cum pace dimisit: quem L. Murena, pater huiusce, vehementissime vigilantissimeque vexatum, repressum magna ex parte, non oppressum reliquit: qui rex, sibi aliquot annis sumptis ad confirmandas rationes et 15

1. *M. Catonis*, der gegen Antiochus unter M'. Acilius Glabrio als Kriegstribun diente und sich in der Schlacht an den Thermopylen 191 auszeichnete; s. Mommsen R. G. I, 729 f. (3).

mihi statuo 'ihn mir denke, vorstelle'; *talis* 'von solchem Charakter', ein feines Compliment gegen den anwesenden Cato Uticensis.

2. über das Imperfect *si arbitraretur* und nachher *nisi putaretur* s. Madv. § 347 b, A. 2.

3. *neque vero* 'auch gewiss nicht'.

4. *senatus egisset*: etwas anders stellt Cic. die Sache dar or. Phil. XI, § 17: *Extraordinarium imperium populare ac ventosum est, minime nostrae gravitatis, minime huius ordinis. Bello Antiochino magno et gravi, cum L. Scipioni provincia Asia obvenisset parumque in eo putaretur esse animi, parum roboris, senatusque ad collegam cius, C. Laelium, negotium deferret, surrexit P. Africanus, frater maior L. Scipionis, et illam ignominiam a familia deprecatus est, dixitque et in fratre suo summam virtutem esse summumque consilium, neque se ei legatum, id aetatis iisque rebus gestis, defu-*

turum. Vgl. damit die abweichende Darstellung bei Livius 37, 1.

fratri: so regelmässig mit Dativ, weil man sagte *alicui legari*, einem als Legat beigegeben werden.

5. *Hannibale expulso — eiceto*, mit rhetorischer Uebertreibung, indem Scipio's Landung in Africa Hannibals Zurückberufung aus Italien veranlasst hatte. Der erst im J. 195 verlangten Auslieferung an die römischen Gesandten entzog sich H. durch Flucht.

11. *pugnax et acer*, wie auch der Feldherr Marcellus bei Cic. (de Rep. fr. V, § 10) *acer et pugnax* heisst.

12. *cum pace dimisit*. Mithridates musste im Frieden zwar seine Eroberungen abtreten, verblieb aber in seinem Besitzstand vor dem Kriege, s. Momms. R. G. II, 302 f. (3)

13. *L. Murena*, Einl. § 2. Seine geringen Erfolge weiss der Redner aus Rücksicht auf den Sohn geschickt zu verdecken; vgl. Momms. II, 338.

15. *aliquot annis*, neml. sieben. *rationes et copias*, wofür es a. E. des Cap. *opibus copiisque* heisst. Auch mit *rationes* scheinen die materiellen Mittel zum Krieg (abgeleitet von dem Begriffe 'Berechnungen') bezeichnet zu sein.

copias belli, tantum spe conatuque valuit, ut se Oceanum cum
Ponto, Sertorii copias cum suis coniuncturum putaret. Ad quod 33
bellum duobus consulibus ita missis, ut alter Mithridatem per-
sequeretur, alter Bithyniam tueretur, alterius res, et terra et mari
5 calamitosae, vehementer opes regis et nomen auxerunt; L. Luculli vero res tantae exstiterunt, ut neque maius bellum comme-
morari possit neque maiore consilio et virtute gestum. Nam cum
totius impetus belli ad Cyzicenorum moenia constitisset eamque
urbem sibi Mithridates Asiae ianuam fore putasset, qua effracta
10 et revulsa tota pateret provincia, ita perfecta ab Lucullo haec
sunt omnia, ut et urbs fidelissimorum sociorum defenderetur et
omnes copiae regis diuturnitate obsessionis consumerentur.
Quid? illam pugnam navalem ad Tenedum, cum contento cursu,
acerrimis ducibus, hostium classis Italiam spe atque animis in-
15 flata peteret, mediocri certamine et parva dimicatione commissam
arbitraris? Mitto proelia, praetereo oppugnationes oppidorum:
expulsus regno tandem aliquando tantum tamen consilio atque
auctoritate valuit, ut se rege Armeniorum adiuncto novis opibus

1. *spe conatuque valuit* 'erstarkte',
von *valescere* abzuleiten; er erhob
sich zu so hoher Hoffnung und
kühnem Unternehmungsgeist.
Oceanum cum Ponto erklärt sich
durch die folgenden Worte, die
freilich etwas matt nachhinken,
weshalb sie ein Gelehrter als ein
Glossem ausscheiden wollte. Ueber
die Verbindungen zwischen Mithr.
und Sertorius s. Momms. R. G. III,
32 (3).
3. *duobus consulibus*, L. Licinius
Lucullus und M. Aurelius Cotta.
Ersterer sollte als Statthalter von
Asien und Cilicien durch Phrygien
in Pontus eindringen, Cotta Vorder-
asien und Bithynien decken, s.
Mommsen III, 51.
ita 'mit der Bestimmung'.
4. *et terra et mari*, bei Chalce-
don, s. Mommsen III, 53.
8. *impetus* 'Anprall, Wucht'.
constitisset 'sich gesetzt, con-
centriert hatte', im Gegensatz von
Bewegungen im Felde. Verschieden
bei Liv. 21, 49, 1: *cum ad Trebiam
terrestre constitisset bellum* 'zum

Stehen, zur Ruhe gekommen war',
ib. 22, 32, 4: *cum ad Geroniam
iam hieme impediente constitisset
bellum*; s. Weissenborn zu Liv. 35,
4, 1. Zur Sache vgl. Momms. R. G.
III, 53 f.
11. *defenderetur*, hier = *servaretur*,
wie Liv. 26, 27, 4: *aedis Vestae
vix defensa est tredecim maxime
servorum opera*.
13. *quid?* s. Zumpt § 769.
ad Tenedum, Momms. R. G. 3, 55.
14. *acerrimis ducibus*, wofür es
in der or. de imp. Pomp. § 21
heisst *ducibus Sertorianis*.
spe atque animis: es gieng die
Rede, die von Sertorianischen Füh-
rern commandierte Flotte des Mithr.
beabsichtige den Bürgerkrieg in
Italien zu erneuern.
16. *mitto*, so gewöhnlich bei der
Figur der *praeteritio*.
17. *expulsus regno*: das Subject
Mithridates ist nicht beigesetzt,
weil die Persönlichkeit durch das
Prädicat hinlänglich angedeutet ist.
18. *rege Armeniorum*, Tigranes,
Mithridates' Schwiegersohn.

copiisque recrearit. **16.** Ac si mihi nunc de rebus gestis esset nostri exercitus imperatorisque dicendum, plurima et maxima proelia commemorare possem, sed non id agimus. Hoc dico: si bellum hoc, si hic hostis, si ille rex contemnendus fuisset, neque tanta cura senatus et populus Romanus suscipiendum putasset, neque tot annos gessisset tanta gloria L. Lucullus, neque vero eius belli conficiendi negotium tanto studio populus Romanus ad Cn. Pompeium detulisset. Cuius ex omnibus pugnis, quae sunt innumerabiles, vel acerrima mihi videtur illa, quae cum rege commissa est et summa contentione pugnata. Qua ex pugna cum se ille eripuisset et Bosporum confugisset, quo exercitus adire non posset, etiam in extrema fortuna et fuga nomen tamen retinuit regium. Itaque ipse Pompeius, regno possesso, ex omnibus oris ac notis sedibus hoste pulso, [tamen] tantum in unius anima posuit, ut, cum omnia, quae ille tenuerat, adierat, sperarat, victoria possideret, tamen non ante, quam illum vita expulisset, bellum confectum iudicarit. Hunc tu hostem, Cato, contemnis, quocum per tot annos tot proeliis tot imperatores bella gesserunt? cuius expulsi et eiecti vita tanti *a Pompeio* existimata

2. *maxima proelia*, besonders bei Tigranocerta und Artaxata.
3. *hoc dico* 'nur so viele sag' ich'; vgl. *tantum dicam* § 78.
4. *bellum hoc* und *hic hostis* sagt Cic., weil, als er die Rede hielt, Pompeius noch Kämpfe in Asien hatte, hingegen *ille rex*, weil Mithr. bereits todt war.
9. *cum rege*: hier scheint ein Wort zu fehlen, entweder *ipso* (nach Kayser), oder, wie Fr. Richter vorschlägt, *cum rege nocte commissa est*. Gemeint ist die Schlacht bei Nikopolis, s. Momms. R. G. 3, 119.
10. *pugnata*: dieser Graecismus kommt bei lat. Prosaikern wohl nur im Passiv vor (Nep. Hann. 5, 1: *hac pugna pugnata*), beim Dichter Lucilius auch im Activ: *vicimus, o socii, et magnam pugnavimu' pugnam.*
qua ex pugna etc. Florus I, 40 (III, 5) § 24: *Et Mithridates quidem nocte illa debellatus est; nihil enim postea valuit, quamquam omnia expertus more anguium, qui obtrito capite postremum cauda minantur. Quippe cum effugisset hostem Colchis tenus, iungere Bosporon, inde per Thracen Macedoniamque et Graeciam transilire, sic Italiam necopinatus invadere — tantum cogitavit. Sed defectione civium Pharnacisque filii scelere praeventus male temptatum veneno spiritum ferro expulit.*
11. *Bosporum*, s. Madv. § 232 A. 4.
13. *regno possesso*, 'obwohl er dessen Reich (Pontus) in Besitz genommen hatte'.
15. *tenuerat*, sein Erbreich, *adierat*, fremdes Land, bes. römische Besitzungen in Asien, *sperarat*, die Herrschaft über die Länder am Kaukasus.
16. *vita expulisset* durch seinen eigenen Sohn Pharnaces (Momms. III, 127 f.), der für Auslieferung des väterlichen Leichnams an Pompeius die Bestätigung der Herrschaft im Bosporus erhielt. Der westliche Theil des pontischen Reichs wurde römische Provinz.

est, ut morte eius nuntiata denique bellum confectum arbitraretur. Hoc igitur in bello L. Murenam legatum fortissimi animi, summi consilii, maximi laboris cognitum esse defendimus, et hanc eius operam non minus ad consulatum adipiscendum quam hanc nostram forensem industriam dignitatis habuisse.

17. 'At enim in praeturae petitione prior renuntiatus est 35 Servius'. Pergitisne vos tamquam ex syngrapha agere cum populo, ut, quem locum semel honoris cuipiam dederit, eundem in reliquis honoribus debeat? Quod enim fretum, quem euripum tot motus, tantas, tam varias habere putatis agitationes commutationesque fluctuum, quantas perturbationes et quantos aestus habet ratio comitiorum? Dies intermissus unus aut nox interposita saepe et perturbat omnia et totam opinionem parva nonnumquam commutat aura rumoris. Saepe etiam sine ulla aperta causa fit aliud atque existimaris, ut nonnumquam ita factum esse etiam populus admiretur, quasi vero non ipse fecerit. Nihil est incer- 6 tius vulgo, nihil obscurius voluntate hominum, nihil fallacius ratione tota comitiorum. Quis L. Philippum, summo ingenio opera, gratia, nobilitate, a M. Herennio superari posse arbitratus est? quis Q. Catulum, humanitate, sapientia, integritate antecel-

1. *nuntiata denique*, wir sagen 'erst auf die Kunde'.
3. *defendimus*, s. zu § 5.
6. *At enim*, s. Madv. § 437 c.
7. *pergitisne* in Anschluss an § 18; *tamquam ex syngrapha* 'als hättet ihr einen schriftlichen Vertrag'.
8. *locum honoris*, Platz einer Ehrenstelle, in Bezug auf die Reihenfolge bei der Ausrufung in den Comitien.
9. *fretum* — *euripum* 'Meerenge — Sund'. In engerem Sinne heisst bekanntlich *fretum* das *fretum Siculum*, und *euripus* der zwischen Attika und Euboea.
10. *habere putatis* 'hat wohl', eine der Formen, mit denen im Lat. der griech. Optativ mit ἄν ausgedrückt wird.
12. *ratio comitiorum* 'das Comitienwesen, der Verlauf von Wahlversammlungen', wenig verschieden von *comitia*, vgl. § 4 *tempestatum ratio*.

14. *commutat* sc. *dies aut nox; parva aura* ist Ablativ.
aura 'Lüftchen, leiser Hauch', wie Verg. Aen. 7, 646 *ad nos vix tenuis famae perlabitur aura*.
18. *L. (Marcium) Philippum* für das J. 93; er wurde erst zwei Jahre später Consul. Cic. Brutus § 166: *Eodem tempore M. Herennius in mediocribus oratoribus Latine et diligenter loquentibus numeratus est, qui tamen summa nobilitate hominem, cognatione, sodalitate, collegio, summa etiam eloquentia, L. Philippum, in consulatus petitione superavit.*
19. *opera* 'Thätigkeit' sc. in foro.
20. *Q. (Lutatium) Catulum*. Für das J. 105 unterlag er dem unfähigen *Cn. Mallius Maximus*, der sodann von den Cimbern bei Arausio (Orange) aufs Haupt geschlagen wurde, s. Mommsen II, 179 (3). Catulus wurde erst 102 Consul mit Marius; als Proconsul wirkte er 101 entscheidend für den Sieg über die Cimbern *in campis Raudiis*; s.

lentem, a Cn. Mallio? quis M. Scaurum, hominem gravissimum, civem egregium, fortissimum senatorem, a Q. Maximo? Non modo horum nihil ita fore putatum est, sed ne cum esset factum quidem, qua re ita factum esset, intellegi potuit. Nam ut tempestates saepe certo aliquo caeli signo commoventur, saepe improviso nulla ex certa ratione obscura aliqua ex causa concitantur, sic in hac comitiorum tempestate populari saepe intellegas, quo signo commota sit, saepe ita obscura est, ut casu excitata esse videatur.
37 18. Sed tamen si est reddenda ratio, duae res vehementer in praetura desideratae sunt, quae ambae in consulatu multum Murenae profuerunt : una, exspectatio muneris, quae et rumore nonnullo et studiis sermonibusque competitorum creverat, altera, quod ii, quos in provincia ac legatione omnis et liberalitatis et virtutis suae testis habuerat, nondum decesserant. Horum utrumque ei fortuna ad consulatus petitionem reservavit. Nam et L. Luculli exercitus, qui ad triumphum convenerat, idem

Momms. II, 187 ff. Vgl. p. Planc.
§ 12 : *praeposuit* (populus) Q. *Catulo, summa in familia nato, sapientissimo et sanctissimo viro . . Cn.. Mallium, non solum ignobilem, verum etiam sine virtute, sine ingenio, vita etiam contempta ac sordida.*
humanitate 'Bildung'.
1. *M. Scaurum*, s. zu § 16.
2. *a Q. (Fabio) Maximo*, mit dem Beinamen *Eburnus*, Consul im J. 116.
3. *putatum est* 'hat man geglaubt', d. h. erwartet, wie in der häufigen Wendung *non putaram = non exspectaveram.*
6. *obscura est* sc. tempestas commota 'die Entstehung eines Sturms'. Bei dieser Erklärung scheint es unnöthig mit Lambin *causa* nach *obscura* einzusetzen.
9. *est reddenda ratio*, weshalb Murena später als Sulpicius die nöthige Stimmenmajorität bei den prätorischen Comitien erhielt.
in praetura sc. petenda.
10. *desideratae sunt*: sind vermisst worden und haben dadurch schädlich eingewirkt.
11. *exspectatio muneris*: da Murena

die Aedilität nicht bekleidet hatte, erwartete man, er werde als homo privatus Spiele geben. Auf diese Sitte bezog sich die Bestimmung der lex Tullia de ambitu *'quae dilucide vetat biennio, quo quis petat petiturusve sit, gladiatores dare nisi ex testamento praestituta die',* Cic. in Vat. § 37.
rumore nonnullo 'durch starkes Gerede'.
12. *studiis* 'Parteieifer', indem sich die Mitbewerber wohl manche Spöttereien über die wahrscheinlich illusorischen Hoffnungen des Volks erlaubt hatten. Mit Beziehung darauf heisst es sogleich *liberalitatis suae testes.*
creverat 'sich gesteigert hatte'.
13. *ac legatione* 'und als Legat', rhetorische Häufung, indem bei *in provincia* doch schwerlich an den früheren Aufenthalt des Mur. in Asien (Einl. § 3) gedacht werden kann.
14. *nondum decesserant*: durch Intriguen wurde des Lucullus Triumph, der schon im J. 66 aus Asien zurückgekehrt war, bis auf Cicero's Consulat hinausgezogen.

comitiis L. Murenae praesto fuit, et munus amplissimum, quod petitio praeturae desideraverat, praetura restituit. Num tibi haec parva videntur adiumenta et subsidia consulatus? voluntas militum? quae cum per se valet multitudine, cum apud suos gratia, tum vero in consule declarando multum etiam apud universum populum Romanum auctoritatis habet suffragatio militaris; imperatores enim comitiis consularibus, non verborum interpretes deliguntur. Quare gravis est illa oratio: 'me saucium recreavit, me praeda donavit: hoc duce castra cepimus, signa contulimus: numquam iste plus militi laboris imposuit quam sibi sumpsit ipse, cum fortis tum etiam felix'. Hoc quanti putas esse ad famam hominum ac voluntatem? Etenim si tanta illis comitiis religio est, ut adhuc semper omen valuerit praerogativae, quid mirum est in hoc felicitatis famam sermonemque valuisse?

19. Sed si haec leviora ducis, quae sunt gravissima, et hanc urbanam suffragationem militari anteponis, noli ludorum huius elegantiam et scaenae magnificentiam valde contemnere, quae

1. *comitiis*, wie *gladiatoribus* § 67 u. 73, s. Madv. § 276 A. 2. *L. Murenae* ist Dativ.
quod . . desideraverat 'hatte vermissen lassen' = *quod, cum praeturam petebat, desideratum erat*.
2. *praetura restituit*, Einl. § 4.
3. *voluntas militum?* Darauf sollte folgen *an ludorum elegantia?* das zweite Glied folgt aber auf die längere Ausführung des ersten erst c. 19 in anderer Form.
4. *cum — eum — tum*, wie p. Rosc. Am. § 62: *cum multa antea commissa maleficia, cum vita hominis perditissima, tum singularis audacia ostendatur necesse est* etc.
valet multitudine: man weiss jedoch, dass Pompejus dem Lucullus zu seinem Ehrentage nur 1600 Soldaten überlassen hat, s. Plut. Luc. 36: στρατιώτας δὲ τοὺς ἄλλους ἀπαγαγὼν μόνους αὐτῷ χιλίους ἑξακοσίους ἀπέλιπε (Πομπήϊος) συνθριαμβεύσοντας, οὐδὲ τούτους μάλα προθύμως ἑπομένους.
6. *imperatores* etc. d. h. bei der Wahl der Consuln sieht man auf die Befähigung zur Feldherrnschaft,

nicht auf juristisches Wissen und auf Wortklauberei.
11. *quanti putas esse*, wir sagen in anderer Wendung: 'von welcher Bedeutung ist das nicht?' wie c. 24 iu. *quam te securim putas iniecisse petitioni tuae?* welchen Streich hast du nicht versetzt? Vgl. Madv. § 492 b.
ad famam hominum 'in Bezug auf den Ruf bei den Leuten'.
12. *religio* 'religiöse Scheu, Bedenklichkeit', wenig von unserem 'Aberglauben' verschieden.
13. *omen praerogativae*. Da neml. das Loos entschied, welche Centurie zuerst stimmen sollte, so erkannte man in der Abstimmung der *praerogativa* einen göttlichen Fingerzeig, wie das Resultat ausfallen solle. Vgl. p. Planc. § 49: *una centuria praerogativa tantum habet auctoritatis, ut nemo umquam prior eam tulerit, quin renuntiatus sit aut iis ipsis comitiis consul aut certe in illum annum*.
16. *urbanam* 'der städtischen Bevölkerung'.
17. *magnificentiam*, s. Plin. N. H. 33, 3, § 53: *Caesar, qui postea dictator fuit, primus in aedilitate*

huic admodum profuerunt. Nam quid ego dicam populum ac vulgus imperitorum ludis magno opere delectari? Minus est mirandum, quamquam huic causae id satis est; sunt enim populi ac multitudinis comitia. Quare, si populo ludorum magnificentia voluptati est, non est mirandum eam L. Murenae apud populum 5
39 profuisse. Sed si nosmet ipsi, qui et ab delectatione communi negotiis impedimur et in ipsa occupatione delectationes alias multas habere possumus, ludis tamen oblectamur et ducimur,
40 quid tu admirere de multitudine indocta? L. Otho, vir fortis, meus necessarius, equestri ordini restituit non solum dignitatem, 1 sed etiam voluptatem. Itaque lex haec, quae ad ludos pertinet, est omnium gratissima, quod honestissimo ordini cum splendore fructus quoque iucunditatis est restitutus. Quare delectant homines, mihi crede, ludi, etiam illos, qui dissimulant, non solum eos, qui fatentur. Quod ego in mea petitione sensi; nam nos 1 quoque habuimus scaenam competitricem. Quodsi ego, qui tri-

munere patris funebri omni apparatu harenae argenteo usus est . . C. Antonius ludos scaena argentea fecit, item L. Murena.
2. *vulgus imperitorum*, wie de Orat. III, § 195 und de nat. deor. I, § 101; gewöhnlich sagt man *vulgus (multitudo) imperitum*, wie Tac. Dial. 7, Plin. H. N. 8, § 38 etc., vgl. unten § 39 *multitudo indocta*.
minus est mirandum: das *minus* erklärt sich aus dem erst später folgenden Gegensatz *sed si nosmet ipsi . . ludis tamen oblectamur*.
3. *quamquam* etc. Der Zusammenhang ist: indes darauf kommt es nicht an; es genügt für die vorliegende Sache das Factum, dass der grosse Haufe an Spielen sich ergetzt, weil der Ausfall der Wahlen von der Masse abhängt.
9. *de multitudine*, verschieden von *multitudinem*: über die Menge wenn sie solches thut, ein solches studium an der M.
L. (Roscius) Otho setzte als Volkstribun im J. 67 eine *lex (Roscia)* durch, welche den Rittern im Theater die 14 ersten Sitzreihen *XIIII ordines*) zunächst der Orchestra, wo die Senatoren sassen, cingeräumt hat.
10. *restituit.* Aus Velleius Paterc. II, 32, 2 (*per idem tempus Cotta iudicandi munus, quod C. Gracchus ereptum senatui ad equites, Sulla ab illis ad senatum transtulerant, aequaliter inter utrumque ordinem partitus est; Otho Roscius lege sua equitibus in theatro loca restituit*) lässt sich schliessen, dass den Rittern das Vorrecht eines abgesonderten Platzes im Theater durch C. Gracchus verliehen (vgl. Momms. R. G. II, 112), aber durch Sulla wieder entzogen worden ist. Ohne eine solche Annahme wäre, wiewohl die Sache nirgends bestimmt überliefert ist, das von Cic. wiederholt gesetzte *restituit* unerklärlich.
11. *ad ludos:* Cic. erwähnt ad Att. 2, 19, 3 von Roscius Otho auch eine *lex frumentaria.*
12. *gratissima*: der Gesetzvorschlag erregte vielmehr beim Volk grosse Unzufriedenheit, die Cic durch eine (verloren gegangene) Rede zu beschwichtigen versucht hat.
13. *fructus* 'Genuss'.
16. *competitricem*, bei der Bewerbung um's Consulat.
trinos ludos, s. Verr. V, § 36:

nos ludos aedilis feceram, tamen Antonii ludis commovebar, tibi, qui casu nullos feceras, nihil huius istam ipsam, quam irrides, argenteam scaenam adversatam putas? Sed haec sane sint paria 41 omnia: sit par forensis opera militari, militaris suffragatio urba-
5 nae, sit idem magnificentissimos et nullos umquam fecisse ludos: quid? in ipsa praetura nihilne existimas inter tuam et huius sortem interfuisse?

20. Huius sors ea fuit, quam omnes tui necessarii tibi optabamus, iuris dicundi; in qua gloriam conciliat magnitudo ne-
10 gotii, gratiam aequitatis largitio; qua in sorte sapiens praetor, qualis hic fuit, offensionem vitat aequabilitate decernendi, benevolentiam adiungit lenitate audiendi: egregia et ad consulatum apta provincia, in qua laus aequitatis, integritatis, facilitatis ad extremum ludorum voluptate concluditur. Quid tua sors? tri- 42

nunc sum designatus aedilis; habeo rationem quid a populo Ro. acceperim: mihi ludos sanctissimos maxima cum cura et caerimonia Cereri Libero Liberaeque faciundos (die Cerealia), *mihi Floram matrem . . placandam* (die Floralia), *mihi ludos antiquissimos, qui primi Romani appellati sunt, . . Iovi Iunoni Minervaeque esse faciundos.* Warum heisst es *trinos*, nicht *tres?*
1. *Antonii ludis*, s. zu p. 49, 17 die Stelle aus Plinius. Cicero hatte seine Spiele als Aedil im J. 69, Antonius erst drei Jahre später als Praetor gegeben. Ihr Glanz machte Cicero um so mehr bange, als Antonius nicht blos seine eigene Wahl, sondern auch die des mit ihm verbündeten Catilina betrieb; vgl. Ascon. argum. ad or. de toga cand. *Catilina autem et Antonius, quamquam omnibus rebus maxime infamis eorum vita esset, tamen multum poterant; coierant enim ambo, ut Ciceronem consulatu deicerent, adiutoribus usi firmissimis M. Crasso et C. Caesare.*
2. *casu*, weil ihm als Prätor nicht die *provincia urbana* zugefallen war; von den Prätoren aber hatte nur der urbanus die Leitung von ludi, der Apollinares, zu besorgen.

Die Aedilität hatte Sulpicius so wenig als Murena bekleidet.
3. *argenteam*, d. i. reich mit Silber ausgestattet; vgl. die zu p. 49, 17 aus Plinius beigebrachte Stelle.
sed haec etc. Recapitulation der Beweisführung von § 19 an.
sane 'immerhin'.
9. *iuris dicundi.* Seit Sulla gab es acht Prätoren, zwei für den Civilprocess, die *iuris dictio*, den urbanus und den sogenannten *peregrinus (qui inter peregrinos ius dicebat)*, und sechs für den Criminalprocess, welche in den verschiedenen *quaestiones perpetuae* die Vorstandschaft hatten. Dem Murena war bei der Loosung die *iurisdictio urbana*, dem Sulpicius die *quaestio de peculatu* zugefallen.
10. *aequitatis largitio* 'das reichliche Gewähren von Billigkeit', indem die Billigkeit der Auslegung oft den strengen Buchstaben des Rechts bei Anwendung auf einen concreten Fall mildern kann.
12. *adiungit* = *comparat*, wie p. Rosc. Am. § 116 *auxilium sibi se putat adiunxisse.*
13. *provincia* 'Wirkungskreis, Amtsbereich'.
14. *ad extremum*, nicht temporal;

4*

stis, atrox: quaestio peculatus, ex altera parte lacrimarum et squaloris, ex altera plena tabularum atque indicum. Cogendi iudices inviti, retinendi contra voluntatem; scriba damnatus, ordo totus alienatus; Sullana gratificatio reprehensa, | multi viri fortes et prope pars civitatis offensa; lites severe aestimatae; cui placet 5 obliviscitur, cui dolet meminit. \ Postremo tu in provinciam ire noluisti. Non possum id in te reprehendere, quod in me ipso et praetore et consule probavi, sed tamen L. Murenae provincia multas bonas gratias cum optima existimatione attulit. Habuit proficiscens dilectum in Umbria: dedit ei facultatem res publica 10 liberalitatis, qua usus multas sibi tribus, quae municipiis Umbriae conficiuntur, adiunxit: ipsa autem in Gallia, ut nostri homines desperatas iam pecunias exigerent, aequitate diligentiaque perfecit. Tu interea Romae scilicet amicis praesto fuisti. Fateor,

denn die ludi Apollinares bereits fielen a. d. III Non. Jul.

1. *quaestio peculatus.* Von den betreffenden Processen ist nichts bekannt, eben so wenig von der Person des nachher erwähnten *scriba.* *squaloris* vom Traueranzug der *rei* gesagt.

2. *ex altera,* der Ankläger.

tabularum 'Rechnungsbücher'; so nach Zumpts Vermuthung st. der unpassenden handschriftl. Lesart *catenarum.* (Andere vermuthen *calumniarum* oder *calumniatorum.*)

3. *scriba,* der wahrscheinlich einem processierten Beamten Beihilfe geleistet hatte. Es gab deren drei Gattungen, die *scribae quaestorii, aedilicii* und *tribunicii*; die übrigen höheren Beamten erhielten keine besonderen scribae vom Staat, sondern nahmen solche nach Bedürfniss.

ordo sc. scribarum. Die angesehensten der scribae, die der Quaestoren und Aedilen, waren fast ausschliesslich *ingenui* (die übrigen meist *liberti*), und stimmten demnach als römische Bürger in den Comitien.

4. *gratificatio,* die Landanweisungen an seine alten Soldaten, s. Momms. R. G. II, 349 (3).

5. *lites,* die straffälligen Summen, d. h. es fand eine strenge Schätzung (Berechnung) der veruntreuten Gelder statt, für die Ersatz zu leisten war.

cui placet, 'wem das Verfahren gefällt', d. h. zu gute kommt; *dolet* 'wehe thut', wie Plaut. Epid. 1, 2, 44: *mihi dolet, quom ego vapulo.*

8. *provincia* 'die Verwaltung einer Provinz', s. Einl. § 4.

9. *bonas gratias*: *bonus* findet sich öfters zu *gratia* hinzugefügt, wie de imp. Pomp. § 71: *ut aliquam mihi bonam gratiam quaesisse videar*; über den Plural s. zu § 24.

10. *proficiscens* 'auf der Reise'.

11. *liberalitatis*: er hatte Gelegenheit sich bei der Aushebung manchem gefällig zu zeigen, da die Bedürfnisse des Staats damals keine Strenge bei dem Geschäft nothwendig machten.

12. *conficiuntur* 'gebildet werden'. *nostri homines,* bes. die publicani und Capitalisten, die in der Provinz Geld angelegt hatten. So fanden die Statthalter manigfaltige Gelegenheit sich reichen Leuten durch Beitreibung ihrer Forderungen verbindlich zu machen.

14. *Romae* manens.

scilicet 'offenbar', wie leicht zu denken ist, dass du nicht müssig geblieben bist.

sed tamen illud cogita, nonnullorum amicorum studia minui solere in eos, a quibus provincias contemni intellegunt.

21. Et quoniam ostendi, iudices, parem dignitatem ad con- 43 sulatus petitionem, disparem fortunam provincialium negotio-
5 rum in Murena atque in Sulpicio fuisse, dicam iam apertius, in quo meus necessarius fuerit inferior [Servius], et ea dicam vobis audientibus, amisso iam tempore, quae ipsi soli re integra saepe dixi. Petere [consulatum] nescire te, Servi, persaepe tibi dixi, et in iis rebus ipsis, quas te magno et forti animo et agere
10 et dicere videbam, tibi solitus sum dicere, magis te fortem accusatorem mihi videri quam sapientem candidatum. Primum accusandi terrores et minae, quibus tu cotidie uti solebas, sunt fortis viri, sed et populi opinionem a spe adipiscendi avertunt et amicorum studia debilitant. Nescio quo pacto semper hoc fit —
15 neque in uno aut altero animadversum est, sed iam in pluribus —, simulatque candidatus accusationem meditari visus est, ut honorem desperasse videatur. 'Quid ergo? acceptam iniuriam per- 44 sequi non placet?' Immo vehementer placet, sed aliud tempus est petendi, aliud persequendi. Petitorem ego, praesertim con-
20 sulatus, magna spe, magno animo, magnis copiis et in forum

---

1. *nonnullorum amicorum*, die sich von ihrem Freunde eine Anstellung in der Provinz erwartet hatten.
4. *provincialium* in dem Sinne wie *provincia* S. 51, 13.
7. *re integra*, d. h. als es noch nicht zu spät war und Sulp. die Mahnung noch für seine Bewerbung benützen konnte.
8. *consulatum* ist Zusatz eines Interpolators, der sich an dem objectlosen Verbum stiess. Cic. hat sicherlich nicht sagen wollen, dass Sulp. blos das nicht verstanden habe, wie man sich um das Consulat bewerben solle. Von diesem ist in der ganzen Erörterung c. 21 u. 22 keine Rede, sondern blos von der *petitio* überhaupt; nur an einer Stelle § 44 sagt Cic., aber hier mit steigerndem Zusatz: *petitorem ego, praesertim consulatus, magna spe in campum deduci volo*.
9. *in iis rebus ipsis* bezieht sich sowohl auf Beschwerden im Senat wegen Wahlumtriebe als auf Vorbereitungen zu einer Anklage gegen die Mitbewerber.
13. *p. opinionem . . avertunt*, d. h. sie benehmen dem Volke den Glauben, dass der drohende noch eine Hoffnung auf ein Erlangen nähre.
16. *ut* hängt von *fit* Z. 14 ab; der Zwischensatz *simulatque* etc. ist vorausgesetzt, wie bei Nepos Arist. 2, 2 *eius aequitate factum est, cum in communi classe esset Gracciae simul cum Pausania . . , ut summa imperii maritimi ab Lacedaemoniis transferretur ad Athenienses*. Milt. 6, 3 u. ö.
18. *non placet* 'scheint ungehörig, man soll nicht'.
20. *magnis copiis*, so von dem Gefolge von Freunden und Clienten gesagt, vgl. Einl. § 9 A. 2%.
et in forum, wo die *prensatio* (s. zu § 77), *et in campum*, wo die eigentliche *petitio* stattfand.

et in campum deduci volo: non placet mihi inquisitio candidati,
praenuntia repulsae, non testium potius quam suffragatorum
comparatio, non minae magis quam blanditiae, non declamatio
potius quam persalutatio, praesertim cum iam hoc novo more
omnes fere domos omnium concursent et ex vultu candidatorum 5
coniecturam faciant, quantum quisque animi et facultatis habere
videatur. 'Videsne tu illum tristem, demissum? iacet, diffidit,
abiecit hastas.' Serpit hic rumor: 'Scis tu illum accusationem
cogitare, inquirere in competitores, testis quaerere? alium faciam,
quoniam sibi hic ipse desperat.' Eius modi de candidato rumore 10
amici intimi debilitantur, studia deponunt, ut desertam rem abi-
ciunt, aut suam operam et gratiam iudicio et accusationi reser-
vant. 22. Accedit eodem, ut etiam ipse candidatus totum animum atque omnem curam, operam diligentiamque suam in petitione non possit ponere; adiungitur enim accusationis cogitatio, 15
non parva res, sed nimirum omnium maxima. Magnum est enim
te comparare ea, quibus possis hominem e civitate, praesertim
non inopem neque infirmum, exturbare, qui et per se et per suos
et vero etiam per alienos defendatur. Omnes enim ad pericula
propulsanda concurrimus, et qui non aperte inimici sumus, etiam 20

1. *inquisitio* 'ein iuquisitorisches Verfahren' in Beschaffung von Belastungszeugen und Beweismitteln gegen Mitbewerber.
3. *declamatio* hier 'das laute Eifern, Poltern', das sich in heftigen Aeusserungen vou Unzufriedenheit kundgibt.
4. *persalutatio* 'allseitiges Grüssen'. Vgl. die interessante Stelle bei Mamertini gratiarum actio Juliano c. 16: *Quis ignorat tum quoque, cum honores populi Ro. suffragiis mandabantur, multos fuisse candidatorum labores? Ediscenda omnium nomina, tributim omnes atque etiam singuli salutandi, prensandae obviorum manus, omnibus adridendum; non solum cum infimis, sed etiam cum ignotis familiaritatis imago simulanda, multaque alia propter honorem agenda, quae alias virum honore dignum facere non deceret.*
5. *omnium* sc. candidatorum.
6. *facultatis*, Vermögen etwas zu erreichen, hier Mittel eine Wahl durchzusetzen.
8. *abiecit hastas* 'er hat den Kampf aufgegeben'. Sonst heisst es in diesem bildlichen Ausdruck *abicere scutum*, aber *hastas* (*hastam?*) ist hier bezeichnender, wo es sich vom Aufgeben des directen Wettkampfes (der Offensive), nicht vom völligen Waffenstrecken handelt.
scis 'du weisst doch' = *scisne* in familiärer Rede, wo der Ausdruck einer angelegentlichen Frage im Tone lag; vgl. § 76 *rogas tu me*.
13. *accedit ut*, Madv. § 373 A. 3.
17. *te* allgemein für unser 'man'.
e civitate exturbare, mit Beziehung auf die Strafe der lex Tullia, s. Einl. § 9.
19. *vero* steigernd 'sogar auch'.
20. *etiam alienissimis* 'auch ganz fremden'; vgl. de Orat. II, § 200: *nihil mihi ad existimationem turpius .. accidere posse quam si is, qui saepe alienissimis a me, sed meis tamen civibus saluti existima-*

alienissimis in capitis periculis amicissimorum officia et studia praestamus. Quare ego expertus et petendi et defendendi et 46 accusandi molestiam sic intellexi: in petendo studium esse acerrimum, in defendendo officium, in accusando laborem. Itaque
5 sic statuo, fieri nullo modo posse, ut idem accusationem et petitionem [consulatus] diligenter adornet atque instruat: unum sustinere pauci possunt, utrumque nemo. Tu, cum [te] de curriculo petitionis deflexisses animumque ad accusandum transtulisses, si existimasti te utrique negotio satis facere posse, vehe-
10 menter errasti. Quis enim dies fuit, posteaquam in istam accusandi denuntiationem ingressus es, quem tu non totum in ista ratione consumpseris? 23. Legem ambitus flagitasti, quae tibi non deerat; erat enim severissime scripta Calpurnia: gestus est mos et voluntati et dignitati tuae. Sed tota illa lex accusatio-
15 nem tuam, si haberes nocentem reum, fortasse armasset, petitioni vero refragata est. Poena gravior in plebem tua voce effla- 47 gitata est; commoti animi tenuiorum: exilium in nostrum ordinem; concessit senatus postulationi tuae, sed non libenter duriorem fortunae communi condicionem te auctore constituit.

---

rer fuisse, sodali meo auxilium ferre non potuissem.
3. *in petendo esse* 'dass dazu gehöre, erforderlich sei'.
4. *officium* 'Dienstbeflissenheit', *laborem* 'mühevolle Anstrengung' im Gegensatz von *studium* 'Eifer, Thätigkeit'.
6. *sustinere* 'durchführen', wie de Orat. II, § 102: *tres personas* (Rollen) *unus sustineo, · meam, adversarii, iudicis.*
10. *quis dies*, Madv. § 88 A. 1.
12. *ratione* 'Tendenz, Plan'.
legem ambitus. Cic. fügt nicht *novam* bei, weil er eben entgegnet, dass die Forderung an und für sich überflüssig gewesen sei, da eine solche lex schon längst vorhanden war.
13. *crat* ist hier selbständiges Verbum.
Calpurnia, Einl. § 7.
14. *dignitati tuae*, deiner würdigen, bedeutenden Persönlichkeit.
tota illa lex, die Tullia.
16. *poena gravior in plebem*, s. Einl. § 9. Wenn es *gravior* heisst,

so ist von früheren Strafen nur das bekannt, dass mit einer solchen die *divisores*, die eben zur *plebs* gehörten, in der *lex Calpurnia* bedroht waren, s. Einl. § 7 mit A. 24.
efflagitata ist kein verstärktes *flagitata*, sondern heisst 'ward durch dein dringendes Verlangen erwirkt'.
17. *tenuiorum*, die es erbitterte einen fast ständig gewordenen Verdienst sich entzogen zu sehen.
in nostrum ordinem, i. e. senatorium, dem alle Bewerber um höhere Aemter angehörten, seit durch Sulla die Quaestur zum Eintritt in den Senat berechtigte. Cic. konnte so im rhetorischen Gegensatz zu *plebem* um so mehr sprechen, als bei der Wahl um die Quaestur wohl nur selten *ambitus* und *largitio* vorgekommen ist. Derartige Fälle sind wenigstens nicht bekannt.
18. *concessit* 'gab nach', ohne Object wie § 57.
19. *fortunae communi*, die ein jedes Mitglied des Standes treffen

Morbi excusationi poena addita est: voluntas offensa multorum,
quibus aut contra valetudinis commodum laborandum est aut
incommodo morbi etiam ceteri vitae fructus relinquendi. Quid
ergo? haec quis tulit? is, qui auctoritati senatus, voluntati tuae
paruit, denique is tulit, cui minime proderat. Quid? illa, quae 5
mea summa voluntate senatus frequens repudiavit, mediocriter
adversata tibi esse existimas? Confusionem suffragiorum flagitasti, perrogationem legis Maniliae, aequationem gratiae, dignitatis, suffragiorum. Graviter homines honesti atque in suis vicinitatibus et municipiis gratiosi tulerunt, a tali viro esse pugna- 10
um, ut omnes et dignitatis et gratiae gradus tollerentur. Idem
editicios iudices esse voluisti, ut odia occulta civium, quae taci-

konnte, freilich nur bei einer Uebertretung des Gesetzes!
1. *morbi excusationi*, s. Einl.
§ 10. Krankheiten wurden in solchen Fällen fingiert, um einen Process *de ambitu* so lange zu verhindern, bis die Zeit des Amtsantrittes,
wo Magistrate nicht mehr vor Gericht gestellt werden konnten, her-
angekommen war.
addita est zu den übrigen Straf-
estimmungen, also = ward ausserdem bestimmt.
multorum, die in solche Lage
kommen konnten.
2. *laborandum est*, wenn sie, ob-
gleich krank, doch vor Gericht erscheinen.
3. *vitae fructus* 'Errungenschaf-
ten des Lebens' mit Bezug auf die
Strafe des Exils, weil, wenn der
Process ohne Aufschub auch in
ihrer Abwesenheit durchgeführt
wurde, leichter eine Verurtheilung
erfolgen konnte.
4. *haec*, st. *hanc legem*, die erwähnten neuen härteren Bestimmungen.
is qui etc. Cic. meint sich selbst und
will sich den Schein geben als habe
er die lex wider seinen Willen, um
den Wünschen des Sulp. und anderer Senatoren zu willfahren, in den
Comitien eingebracht. So falle die
invidia der überstrengen lex dem
Sulp. zur Last, um so mehr als er

noch strengere Bestimmungen verlangt habe.
5. *proderat*, sc. ea tulisse.
7. *confusionem suffragiorum*, s.
Einl. § 10.
8. *perrogationem — suffragiorum* bringt nichts Neues, sondern
ist nur rhetorische Ausführung von
confusionem suffragiorum. C. Mani-
lius hatte als Volkstribun im J. 67
durchgesetzt, dass die Freigelassenen
nicht mehr blos in den 4 tribus urbanae, sondern in allen Tribus stimmen sollten, und zwar ein jeder in
der Tribus seines Patronen. Das
Gesetz wurde aber sogleich wieder
durch den Senat aufgehoben. Wenn
nun Cic. von einer *perrogatio l. Maniliae* spricht, so deutet er damit an,
dass Sulpicius, indem er eine Abstimmung nach Köpfen, statt nach
Centurien verlangte, nichts anders
als eine Durchführung der lex Ma-
nilia auf einem Seitenwege erzweckt
habe. Denn bei einer *confusio suffragiorum* waren die Freigelassenen
factisch den übrigen Bürgern im
Stimmrecht gleich gestellt.
9. *vicinitatibus*, s. Q. Cic. de petit. cons. § 24: *sunt enim quidam
homines in suis vicinitatibus et municipiis gratiosi*; vgl. auch ebendaselbst § 30—32.
12. *editicios iudices*: so hiessen
Richter, die *una pars*, d. i. der accusator, *edebat* s. *eligebat*, im Ge-

tis nunc discordiis continentur, in fortunas optimi cuiusque erumperent. Haec omnia tibi accusandi viam muniebant, adipiscendi obsaepiebant. Atque ex omnibus illa plaga est iniecta petitioni tuae, non 48 tacente me, maxima, de qua ab homine ingeniosissimo et copiosissimo, Hortensio, multa gravissime dicta sunt. Quo etiam mihi durior locus est dicendi datus, ut, cum ante me et ille dixisset et vir summa dignitate et diligentia et facultate dicendi, M. Crassus, ego in extremo non partem aliquam agerem causae, sed e tota re dicerem, quod mihi videretur. Itaque in isdem rebus fere versor, et, quoad possum, iudices, occurro vestrae satietati. 24. Sed tamen, Servi, quam te securim putas iniecisse petitioni tuae, cum populum Romanum in eum metum adduxisti, ut pertimesceret, ne consul Catilina fieret, dum tu accusationem comparares deposita atque abiecta petitione? Etenim 49 te inquirere videbant, tristem ipsum, maestos amicos; observationes, testificationes, seductiones testium, secessiones subscriptorum animadvertebant, quibus rebus certe spes candidatorum obscuriores videri solent: Catilinam interea alacrem atque laetum,

gensatz der erloosten Richter, von denen jede Partei eine bestimmte gleiche Anzahl verwarf (*reiciebat*). Das Nähere in der Einl. § 10, A. 34. Uebrigens ist der Vorschlag des Sulp. 8 Jahre später durch die *lex Licinia de sodaliciis* zur Ausführung gekommen, jedoch in anderer Form in Bezug auf die Wahl von *iudices editicii*

odia occulta, weil ein Ankläger lauter Feinde des Angeklagten wählen und diese zur Befriedigung seines Hasses benutzen konnte.

1. *contincntur* 'beschränkt sind'.
4. *Atque* 'und dazu', hier unser 'noch'; *ex omnibus* gehört zu *maxima*.

illa plaga sc. *cum populum Ro. in metum adduxisti* c. 24 in. Da wir im Deutsche ein 'jener' ohne folgende nähere Bestimmung nicht setzen können, so hat man in anderer Wendung zu übersetzen: Noch ist ein Schlag, der grösste von allen, versetzt worden.

non tacente me, d. i. nicht ohne von mir gewarnt zu sein.
6. *Hortensio*, s. Einl. § 12.
7. *ut* explicativ, 'neml. die Aufgabe'.
12. *sed tamen* nimmt die durch die Zwischenbemerkungen unterbrochene Rede (§ 48 in.) wieder auf.
13. *cum*, s. Madv. § 358 A. 2.
14. *Catilina*, s. zu S. 51, 1 u. Einl. § 5.
16. *inquirere* sc. in competitores, s. § 44.
17. *testificationes*, das Constatieren von unlauteren Vorgängen, s. zu Verr. V, § 103.
18. *quibus rebus* etc. Bei solchen Massregeln (d. h. Vorbereitungen zu einer Anklage) nimmt man in der Regel an, dass die Hoffnungen der Candidaten ziemlich verdunkelt, d. i. nicht sehr glänzend seien. (Die Lesart der Handschriften ist sinnlos und eine sichere Herstellung nicht möglich.)

stipatum choro iuventutis, vallatum indicibus atque sicariis, inflatum cum spe consulatus tum collegae mei,quemadmodum dicebat ipse, promissis, circumfluentem colonorum Arretinorum et Faesulanorum exercitu, quam turbam dissimillimo ex genere distinguebant homines perculsi Sullani temporis calamitate. Vultus ipsius erat plenus furoris, oculi sceleris, sermo adrogantiae, sic ut ei iam exploratus et domi conditus consulatus videretur. Murenam contemnebat, Sulpicium accusatorem suum numerabat, non competitorem; ei vim denuntiabat, rei publicae minabatur. **25.** Quibus rebus qui timor bonis omnibus iniectus sit quantaque desperatio rei publicae, si ille factus esset, nolite a me commoneri velle: vosmet ipsi vobiscum recordamini. Meministis enim, cum illius nefarii gladiatoris voces percrebruissent, quas habuisse in contione domestica dicebatur, cum miserorum fidelem defensorem negasset inveniri posse, nisi eum qui ipse miser esset; integrorum et fortunatorum promissis saucios et miseros credere non oportere: quare qui consumpta replere, erepta recuperare

---

1. *indicibus*, Angebern von Profession.
2. *collegae mei*, des C. Antonius Hybrida.
3. *circumfluentem* 'reichlich umschwärmt'.
    colonorum — *exercitu*, d. i. der von Sulla in Arretium und Faesulae angesiedelten, aber durch Schwelgerei verarmten Veteranen, s. in Catil. II, § 20. Sall. Cat. 28.
4. *dissimillimo ex genere*, Attribut zu *turbam* 'welche bunt zusammengewürfelte Schaar'; *quam turbam* bezieht sich nicht blos auf das letzte Glied, sondern auch auf *stipatum choro iuventutis, vallatum* etc. Andere beziehen *dissimill. ex genere* auf *homines*, was die Wortstellung nicht zulässt.
    distinguebant 'brachten in sie eine Schattierung', d. h. stachen aus ihr hervor.
5. *homines perculsi* etc. d. i. Marianer, die durch Sulla's Proscriptionen um das ihrige gekommen waren.
7. *exploratus* 'ausgemacht'.
8. *numerabat*, wie ep. ad Att. 7, 1, 3: *me uterque numerabat suum.*

11. *factus esset*, wie *fiant* § 18.
    nolite — velle, ein nicht seltener Pleonasmus, der bei der häufigen Verwendung von *noli* (*nolite*) zum Ausdruck eines negativen Imperativs nicht auffällig erscheinen kann. Die Form *ne volueritis* scheint minder gebräuchlich gewesen zu sein.
12. *vobiscum — recordamini:* so asyndetisch auch p. Caelio § 43: *ex quibus neminem mihi libet nominare: vosmet vobiscum recordamini.* Phil. II, § 1: *nec vero necesse est quemquam a me nominari: vobiscum ipsi recordamini.*
    meministis: das Object folgt erst S. 59 Z. 4.
13. *gladiatoris* als Schimpfwort 'Klopffechter', wie § 83.
15. *integrorum* bildlich im Gegensatz von *saucios*, vgl. or. Cottae § 5 bei Sall. (II, 46 ed. Dietsch): *ut sine dedecore cum civibus fama et fortunis integer agas, id dono datur et accipitur.*
17. *replere* (= *reparare*) bezieht sich auf die Sullaner, *erepta recuperare* auf die Marianer.

vellent, spectarent, quid ipse deberet, quid possideret, quid auderet: minime timidum et valde calamitosum esse oportere eum, qui esset futurus dux et signifer calamitosorum: — tum igitur, 51 his rebus auditis, meministis fieri senatus consultum referente
5 me, ne postero die comitia haberentur, ut de his rebus in senatu agere possemus. Itaque postridie frequenti senatu Catilinam excitavi atque eum de his rebus iussi, si quid vellet, quae ad me adlatae essent, dicere. Atque ille, ut semper fuit apertissimus, non se purgavit, sed indicavit atque induit. Tum enim dixit duo
10 corpora esse rei publicae, unum debile, infirmo capite, alterum firmum, sine capite: huic, si ita de se meritum esset, caput se vivo non defuturum. Congemuit senatus frequens neque tamen satis severe pro rei indignitate decrevit; nam partim ideo fortes in decernendo non erant, quia nihil timebant, partim, quia time-
15 bant cuncta. Erupit e senatu triumphans gaudio, quem omnino vivum illinc exire non oportuerat, praesertim cum idem ille in eodem ordine paucis diebus ante Catoni, fortissimo viro, iudicium minitanti ac denuntianti respondisset, si quod esset in suas fortunas incendium excitatum, id se non aqua, sed ruina restin-
20 cturum. **26.** His tum rebus commotus, et quod cum gladiis in 52 campum deduci Catilinam sciebam, descendi cum firmissimo praesidio fortissimorum virorum et cum illa lata insignique lorica,

1. *ipse*, er selbst, der sich zum Führer erbiete; *deberet* 'schulde'.
3. *tum igitur* nimmt den Satz *Meministis enim* wieder auf.
4. *senatus consultum*, s. Einl. § 5.
8. *apertissimus*, ironische Litotes st. *impudentissimus;* vgl. or. Phil. II, § 111: *disertissimum cognovi avum tuum, at te etiam apertiorem in dicendo.*
9. *se . . induit* = se irretivit, wie in Verr. II, § 102: *hic videte, in quot se laqueos induerit.*
10. *unum* die Senatspartei, *alterum* die Volkspartei.
11. *si ita de se meritum esset*, d. h. wenn er Ernst zeige ihn zu unterstützen, zunächst bei den Consulwahlen. *Ita* ist elliptisch: so verdient, dass er die Führerschaft gern übernehmen wolle.
12. *neque t. satis severe decrevit.* Was beschlossen wurde, ist nicht bekannt, jedenfalls Ausnahmsmassregeln, die anzuordnen die Zeitlage erheischte. Cic. hatte wahrscheinlich den Beschluss gewünscht '*videant consules ne quid res publ. detrimenti caperet*', dieser kam aber erst nach den Comitien auf die Kunde von der beabsichtigten Schilderhebung des C. Manlius in Etrurien zu Stande.
17. *in eodem ordine*, d. i. in senatu.
19. *ruina*, durch allgemeinen Einsturz, wie man eine grosse Feuersbrunst durch Niederreissen von Gebäuden zu dämpfen pflegt; vgl. Sall. Cat. 31: *quoniam quidem circumventus ab inimicis praeceps agor, incendium meum ruina restinguam.*
20. *cum gladiis* = ab armatis.
21. *descendi* sc. in campum.
22. *insigni* 'hervorstechend, in die Augen fallend'.

non quae me tegeret — etenim sciebam Catilinam non latus aut ventrem, sed caput et collum solere petere —, verum ut omnes boni animadverterent, et, cum in metu et periculo consulem viderent, id quod est factum, ad opem praesidiumque concurrerent. Itaque cum te, Servi, remissiorem in petendo putarent, Catilinam 5 et spe et cupiditate inflammatum viderent, omnes, qui illam ab re publica pestem depellere cupiebant, ad Murenam se statim con-
53 tulerunt. Magna est autem comitiis consularibus repentina voluntatum inclinatio, praesertim cum incubuit ad virum bonum et multis aliis adiumentis petitionis ornatum. Qui cum hone- 10 stissimo patre atque maioribus, modestissima adulescentia, clarissima legatione, praetura probata in iure, grata in munere, ornata in provincia, petisset diligenter et ita petisset, ut neque minanti cederet neque cuiquam minaretur, huic mirandum est magno adiumento Catilinae subitam spem consulatus adipiscendi fuisse? 15
54 Nunc mihi tertius ille locus est reliquus orationis, de ambitus criminibus, perpurgatus ab his, qui ante me dixerunt, a me, quoniam ita Murena voluit, retractandus: quo in loco C. Postumo, familiari meo, ornatissimo viro, de divisorum indiciis et de deprehensis pecuniis, adulescenti ingenioso et bono, Ser. Sulpicio, 20 de equitum centuriis, M. Catoni, homini in omni virtute excel-

---

2. *caput et collum*, wie geschickte Banditen.
ut o. boni animadverterent, vgl. Plut. Cic. 14: καὶ τεθωρακισμένον αὐτὸν οἵ τε δυνατοὶ πάντες ἀπὸ τῆς οἰκίας καὶ τῶν νέων πολλοὶ κατήγαγον εἰς τὸ πεδίον· τοῦ δὲ θώρακος ἐπίτηδες ὑπέφαινέ τι παραλύσας ἐκ τῶν ὤμων τοῦ χιτῶνος, ἐνδεικνύμενος τοῖς ὁρῶσι τὸν κίνδυνον.
7. *ad Mur. se contulerunt* 'schlugen sich auf M. Seite'.
8. *magna est* = multum valet.
10. *honestissimo patre — ornata in provincia*: kurze Zusammenfassung der *adiumenta petitionis*, deren nähere Ausführung man im obigen leicht wird nachweisen können.
13. *minanti* sc. Sulpicio, dessen Drohungen mit einer Anklage ihn nicht abgeschreckt hatten, seine Bewerbung fortzusetzen.
14. *neque minaretur*, wodurch sich

Sulpicius so manche Stimmen entzogen hat.
16. *locus* 'Punkt', d. i. Theil der Rede.
17. *perpurgatus* 'ganz ins Reine gebracht', wie Cic. de divin. II, § 2 (*cum fundamentum esset philosophiae positum in finibus bonorum et malorum, perpurgatus est is locus a nobis quinque libris* etc.), hier mit der Nebenbeziehung der Reinigung des Mur. von aller Schuld.
a me st. des gewöhnlichen *mihi*, wegen des Gegensatzes *perpurgatus ab his*.
18. *C. Postumo*, über dessen Persönlichkeit nichts näheres bekannt ist; auch das Praenomen, das in den Handschriften fehlt, ist unsicher.
19. *de deprehensis pecuniis*, die an die Tribus zur Bestechung vertheilt werden sollten.
21. *de equitum centuriis*. Aus § 73 erfährt man, dass L. Natta, ein Stief-

lenti, de ipsius accusatione, de senatus consulto, de re publica respondebo.

27. Sed pauca, quae meum animum repente moverunt, prius de L. Murenae fortuna conquerar. Nam cum saepe antea, iudices, et ex aliorum miseriis et ex meis curis laboribusque cotidianis fortunatos eos homines iudicarem, qui remoti a studiis ambitionis otium ac tranquillitatem vitae secuti sunt, tum vero in his L. Murenae tantis tamque improvisis periculis ita sum animo adfectus, ut non queam satis neque communem omnium nostrum condicionem neque huius eventum fortunamque miserari: qui primum, dum ex honoribus continuis familiae maiorumque suorum unum ascendere gradum dignitatis conatus est, venit in periculum, ne et ea, quae ei relicta, et haec, quae ab ipso parta sunt, amittat, deinde propter studium novae laudis etiam in veteris fortunae discrimen adducitur. Quae cum sunt gravia, iudices, tum illud acerbissimum est, quod habet eos accusatores, non qui odio inimicitiarum ad accusandum, sed qui studio accusandi ad inimicitias descenderint. Nam ut omittam Servium Sulpicium, quem intellego non iniuria L. Murenae, sed honoris contentione permotum accusare, accusat paternus amicus, C. Po-

sohn des Murena, die Ritter mit Frühstücken regaliert hat, um ihre 18 Centurien für Murena zu gewinnen.
1. *de senatus consulto*, s. § 67; *de re publ.* 'über die allgemeine öffentliche Lage'.
4. *cum — iudicarem*, s. Madv. § 358 A. 3.
7. *secuti sunt* 'nachgiengen', d. i. gewählt haben.
9. *non queam*, s. zu Verr. IV, § 89.
omnium nostrum, von uns Staatsmännern; über *nostrum* s. Madv. § 297 a, A. 1.
10. *eventum*, Ausgang, d. i. Erfolg seiner öffentlichen Thätigkeit.
11. *ex honoribus continuis*, s. § 15.
12. *unum gradum* 'nur noch eine Stufe', wenn nicht vielmehr *ultimum* zu lesen ist.
13. *quae ei relicta*, den prätorischen Character seiner Familie und Senatorenstand; *ab ipso parta* seine eigene Errungenschaft, mit besonderer Rücksicht auf seine Kriegs-

thaten. (*ei* vor *relicta* fehlt in den Handschriften; es ist unsicher, ob so oder *ab illis*, i. e. *maioribus*, zu ergänzen ist.)
14. *deinde:* die Eintheilung mit *primum — deinde* erscheint nicht gut, weil das zweite Glied nur in anderer Form den Inhalt des ersten wiederbringt; es ist eine rhetorische, keine logische Partitio.
15. *veteris fortunae discrimen* wegen Verlustes des *ordo senatorius* im Fall einer Verurtheilung.
17. *non qui*, abweichend von unserer Wortstellung, s. zu Verr. IV, § 122.
odio inimicitiarum 'Hass aus persönlicher Feindschaft', wie p. Mil. § 79. Ein solcher Grund zu einer Anklage galt bei den Alten als ein wohlberechtigter.
18. *descenderint* 'sich beigelassen haben'; vgl. zur divin. in Caecil. § 1.
20. *paternus amicus*, der schon mit Murena's Vater befreundet war.

stumus, vetus, ut ait ipse, vicinus ac necessarius, qui necessitudinis causas compluris protulit, simultatis nullam commemorare potuit; accusat Ser. Sulpicius, sodalis filius, cuius ingenio paterni omnes necessarii munitiores esse debebant; accusat M. Cato, qui cum a Murena nulla re umquam alienus fuit, tum ea condicione 5 nobis videbatur in hac civitate natus, ut eius opes et ingenium praesidio multis etiam alienissimis, exitio vix cuiquam inimico esse deberent.

57 Respondebo igitur Postumo primum, qui nescio quo pacto mihi videtur praetorius candidatus in consularem quasi desulto- 10 rius in quadrigarum curriculum incurrere. Cuius competitores si nihil deliquerunt, dignitati eorum concessit, cum petere destitit: sin autem eorum aliquis largitus est, expetendus amicus ei est, qui alienam potius iniuriam quam suam persequatur.

De Postumi criminibus. De Servii adulescentis. 15

1. *vetus vicinus*, also wohl in der Umgegend von Lanuvium begütert, s. § 90.
3. *Ser. Sulpicius*, ein jüngerer Sulpicius, *sodalis filius*, der Sohn eines Collegen und Freundes des Murena, welcher letzterer mit dessen Vater Mitglied derselben Genossenschaft (*sodalitas*) war. Wie es als Pflichtsache galt einem Mitgenossen desselben Vereins gerichtlichen Beistand zu leisten, so erschien es als unehrenhaft einen solchen anzuklagen oder gegen ihn Zeugniss zu stehen; vgl. zur or. p. Sulla § 7. Auch galt das Verhältniss als ein erbliches, so dass dessen Verpflichtungen von Vater auf Sohn übergiengen.
4. *munitiores esse* = potius defendi.
5. *nulla re* 'in keiner Beziehung'.
9. *nescio quo pacto* 'ich weiss nicht wie es kommt', d. i. sonderbarer, unbegreiflicher Weise.
10. *mihi videtur* etc. Cicero wirft dem P. vor, dass er, indem er mit seiner Anklage auf M. eindringe, sich gleichsam auf ein höheres Gebiet begebe, das zu betreten nur Mitbewerbern um das Consulat zustehe. Das sehe ebenso aus, als wenn ein Rennpferd (*equus desultorius*)

in die Bahn der Quadrigen, deren Wettkämpfe als höhere und vornehmere galten, einbrechen wolle. Mit den Wagenrennen der *quadrigae* und *bigae* im Circus waren oft auch Rennen von Reitern auf zwei Pferden verbunden, die während des Laufs von einem auf das andere sprangen; vgl. Suet. Caes. 39: *circensibus quadrigas bigasque et equos desultorios agitaverunt nobilissimi iuvenes*.

12. *dignitati eorum concessit*, wie ep. ad Fam. 4, 3, 4: *a me sic* (Servius) *diligitur, ut tibi uni concedam, praeterea nemini*. In diesem Falle, meint Cic. spöttisch, hätte Post. am besten gethan sich im Stillen über sein Missgeschick zu trösten.

13. *expetendus amicus ei est*, d. h. er muss sich, weil er selbst durch den Process gegen Murena in Anspruch genommen ist, um einen Freund umsehen, der, wie Postumus jetzt selbst thut, statt eigene Unbill die eines anderen (des Postumus, dessen Sache er vertritt) zu rächen übernimmt.

15. *De Postumi criminibus*, Einl. § 15.

28. Venio nunc ad M. Catonem, quod est firmamentum ac robur totius accusationis, qui tamen ita gravis est accusator et vehemens, ut multo magis eius auctoritatem quam criminationem pertimescam. In quo ego accusatore, iudices, primum illud deprecor, ne quid L. Murenae dignitas illius, ne quid exspectatio tribunatus, ne quid totius vitae splendor et gravitas noceat, denique ne ea soli huic obsint bona M. Catonis, quae ille adeptus est, ut multis prodesse posset. Bis consul fuerat P. Africanus et duos terrores huius imperii, Carthaginem Numantiamque, deleverat, cum accusavit L. Cottam. Erat in eo summa eloquentia, summa fides, summa integritas, auctoritas tanta quanta in imperio populi Romani, quod illius opera tenebatur. Saepe hoc maiores natu dicere audivi, hanc accusatoris eximiam vim plurimum L. Cottae profuisse. Noluerunt sapientissimi homines, qui tum rem illam iudicabant, ita quemquam cadere in iudicio, ut nimiis adversarii viribus abiectus videretur. Quid? Ser. Galbam — nam traditum memoriae est — nonne proavo tuo, fortissimo atque florentissimo viro, M. Catoni incumbenti ad eius perniciem populus Romanus eripuit? Semper in hac civitate nimis magnis

---

1. *firmam. ac robur*, wie de imp. Pomp. § 10: *alterius partis periculum, quae multo plus firmamenti ac roboris habebat* etc.
5. *exspectatio tribunatus*. Cato war damals *tribunus designatus*; vgl. Einl. § 6. Die Wahl der Volkstribunen, die am 10. December ihr Amt antraten, erfolgte unabhängig von den übrigen Wahlen.
8. *bis consul*, 147 u. 134 v. Chr.
9. *duos terrores h. imp.*, wie die Städte auch heissen bei Cic. de rep. I, 47 und Vell. Pat. 2, 4. 5: *post duos consulatus duosque triumphos et bis excisos terrores rei publ. manc in leetulo repertus est mortuus.*
10. *L. (Aurelium) Cottam*, Consul im J. 144; *accusavit* sc. *de repetundis*, zwischen 133 und 129, dem Todesjahr des Scipio. Nach Appian bell. civ. 1, 12 verdankte Cotta, dessen Process siebenmal vertagt wurde (*causa ampliata*), seine Freisprechung der Bestechung der Richter. Vertheidigt hatte ihn der berühmte

Q. Metellus Macedonicus, s. Cic. Brut. § 81.
11. *fides* 'Zuverlässigkeit, Redlichkeit'.
12. *tenebatur* = sustinebatur, wie 39, 83.
13. *eximiam vim*, d. i. eine ungemeine Kraft auf andere durch das Gewicht seiner Persönlichkeit einzuwirken, wie § 59 *vim maiorem aliquam.*
16. *abiectus* 'zu Boden geschlagen, wehrlos gemacht'.
Quid? wie § 33.
Ser. Galbam, gegen welchen wegen seiner Treulosigkeit gegen die Lusitanier (Val. Max. 8, 1, 2 *quod Lusitanorum magnam manum interposita fide praetor in Hispania interemisset*, vgl. Momms. R. G. II, S, 3. Ausg.) der Volkstribun C. Scribonius Libo unter Mitwirkung des hochbetagten Cato Censorius im J. 149 eine Untersuchung beim Volk beantragt hatte.
18. *populus R. eripuit*, dessen

accusatorum opibus et populus universus et sapientes ac multum in posterum prospicientes iudices restiterunt. Nolo accusator in iudicium potentiam adferat, non vim maiorem aliquam, non auctoritatem excellentem, non nimiam gratiam: valeant haec omnia ad salutem innocentium, ad opem impotentium, ad auxilium calamitosorum, in periculo vero et in pernicie civium repudientur.
60 Nam si quis hoc forte dicet, Catonem descensurum ad accusandum non fuisse, nisi prius de causa iudicasset, iniquam legem, iudices, et miseram condicionem instituet periculis hominum, si existimabitur iudicium accusatoris in reum pro aliquo praeiudicio valere oportere.

29. Ego tuum consilium, Cato, propter singulare animi mei de tua virtute iudicium, vituperare *nolo:* nonnulla forsitan conformare et leviter emendare possim. Non multa peccas, inquit ille fortissimo viro senior magister, sed peccas; te regere possum. At ego non te: verissime dixerim peccare te nihil neque ulla in re te esse huius modi, ut corrigendus potius quam leviter inflectendus esse videare. Finxit enim te ipsa natura ad honestatem, gravitatem, temperantiam, magnitudinem animi, iu-

---

Mitleid Galba zu erregen gewusst hatte, s. Val. Max. a. a. O.: *reus pro se iam nihil recusans parvulos liberos suos . . flens commendare coepit, coque facto mitigata contione, qui omnium consensu periturus erat, paene nullum triste suffragium habuit.*
5. *impotentium* = infirmorum.
8. *iudicasset* 'sich ein Urtheil gebildet hätte'.
iniquam legem: was hier Cic. als iniquum bezeichnet, hat er für sich selbst bei der Vertheidigung des P. Sulla in Anspruch genommen, s. dessen Rede § 84 sq.
9. *periculis hominum*, d. i. für peinlich angeklagte.
si existimabitur, wenn als allgemeine Meinung gelten soll, ein solcher Grundsatz aufkommen wird.
14. *conformare*, 'in die rechte Form bringen, regeln'.
non multa peccas: Citat aus einem alten Drama (bei Ribbeck, fragm. tragic. p. 241 ed. 2), wahrscheinlich aus den Myrmidonen des Tragikers L. Attius.

15. *fortissimo viro,* dem Achilles, *senior magister,* Phönix, sein väterlicher Freund und Rathgeber. Die besonders bei Dichtern häufige Redefigur, eine Person durch ein blosses Prädicat zu bezeichnen, nannten die Rhetoren *antonomasia,* s. Quintil. S, 6, 29 f.
17. *ut corrigendus* etc. Fein sagt Cicero, dass, da auf Cato der Ausdruck *peccare* keine Anwendung finde, er ihn nicht zurechtweisen, sondern höchstens etwas einlenken (von einem betretenen Seitenwege) könne.
18. *finxit,* wie Sall. Cat. 1 *pecora, quae natura prona atque ventri oboedientia finxit.* Cic. de orat. II, § 219: *natura enim fingit homines et creat imitatores et narratores facetos.*
ad honestatem 'in Hinsicht auf Sittlichkeit'. So muss man erklären, wenn nicht vielleicht, wie Campe gut vermuthet, die Worte *magnum hominem et excelsum* als Interpolation zu streichen sind.

stitiam, ad omnes denique virtutes magnum hominem et excelsum.
Accessit his doctrina non moderata nec mitis, sed, ut mihi videtur,
paulo asperior et durior, quam veritas aut natura patitur. Et 61
quoniam non est nobis haec oratio habenda apud imperitam
multitudinem aut in aliquo conventu agrestium, audacius paulo
de studiis humanitatis, quae et mihi et vobis nota et iucunda
sunt, disputabo. In M. Catone, iudices, haec bona, quae videmus
divina et egregia, ipsius scitote esse propria: quae nonnumquam
requirimus, ea sunt omnia non a natura, verum a magistro.
Fuit enim quidam summo ingenio vir, Zeno, cuius inventorum
aemuli Stoici nominantur. Huius sententiae sunt et praecepta
huius modi: sapientem gratia numquam moveri, numquam cuius-
quam delicto ignoscere; neminem misericordem esse nisi stultum

2. *doctrina* 'Schule'.
3. *durior* 'schroffer'.
veritas 'die Wirklichkeit', d. h.
die Verhältnisse des praktischen
Lebens; *natura* 'das natürliche
Gefühl'; vgl. Cic. de fin. b. et mal.
IV, § 55: *Omnes, qui non sint
sapientes, aeque miseros esse, sapientes omnes summe beatos, recte
facta omnia aequalia, omnia peccata
paria: quae cum magnifice primo
dici viderentur, considerata minus
probabantur*; *sensus enim cuiusque
et natura rerum atque ipsa veritas
clamabat quodam modo, non posse
adduci ut inter eas res, quas
Zeno exaequaret, nihil interesset.*
de Orat. I, § 77: *videamus ne plus
ei* (scientiae) *tribuamus, quam res
et veritas ipsa concedat.*
aut, nicht *et*, wie wir verbinden,
wegen des negativen Gedankens,
der im Comparativ liegt; vgl. § 78:
*latius patet illius sceleris contagio
quam quisquam putat.*
4. *quoniam* etc. Sich dagegen
Cicero's Aeusserung de fin. b. et
mal. IV, § 74: *Non ego tecum* (M.
Cato) *iam ita iocabor, ut isdem his
de rebus, cum L. Murenam te accu-
sante defenderem: apud imperitos
tum illa dicta sunt, aliquid etiam co-
ronae datum: nunc agendum est
subtilius.* Vgl. auch die Stelle aus
Plutarch in der Einl. A. 39.

Cic. Reden VII.

9. *requirimus* 'anders wünsch-
ten', wofür man lieber *reprendimus*
gesehen hätte.
10. *Zeno* aus Cittium auf Cypern
(zu unterscheiden von dem Eleaten,
dem Begründer der Dialektik) lehrte
im 4. Jahrh. v. Chr. in der ποικίλη
στοά zu Athen auf- und abgehend,
woher seine Schüler den Namen
Stoiker (οἱ ἀπὸ τῆς στοᾶς φιλόσο-
φοι) erhielten.
inventorum acmuli 'Anhänger
seiner Aufstellungen, neuen Lehr-
sätze'; vgl. Tac. Hist. 3, 81: *Mu-
sonius Rufus .. studium philosophiae et placita Stoicorum aemulatus.*
11. *sententiae*'Sätze', die sogenannten *paradoxa*, s. die Stelle aus Plutarch in der Einl. A. 39. Einige dieser Sätze hat Cic. bekanntlich selbst
in seiner kleinen Schrift *Paradoxa
Stoicorum* behandelt und zu begrün-
den versucht. Vgl. Cic. de fin. IV,
§ 74: *solum praeterea formosum,
solum liberum, solum civem* (sapientem esse): *stultos omnia contraria,
quos etiam insanos esse vultis.*
Ηaec παράδοξα *illi, nos admira-
bilia dicamus.*
12. *sapientem .. placari*, rhetor.
Periphrase des Satzes *sapientem
inexorabilem esse*, s. Diog. Laert.
9, 123: *ἐλεήμονάς τε μὴ εἶναι συγ-
γνώμην τε ἔχειν μηδενί.*
13. *stultum*, wie der Nichtweise

5

et levem; viri non esse neque exorari neque placari; solos sapientis esse, si distortissimi sint, formosos, si mendicissimi, divites, si servitutem serviant, reges: nos autem, qui sapientes non sumus, fugitivos, exsules, hostis, insanos denique [esse dicunt]: omnia peccata esse paria, omne delictum scelus esse nefarium, nec mi- 5 nus delinquere eum, qui gallum gallinaceum, cum opus non fuerit, quam eum, qui patrem suffocaverit: sapientem nihil opinari, nullius rei paenitere, nulla in re falli, sententiam mutare numquam. **30.** Haec homo ingeniosissimus, M. Cato, auctoribus eruditissimis inductus arripuit, neque disputandi causa, ut ma- 10 gna pars, sed ita vivendi. Petunt aliquid publicani: 'cave quidquam

im Sinne der Stoiker heisst; s. die Stelle aus Cic. de fin. zu Z. 11.
1. *viri* 'eines wahren, charaktervollen Mannes' im Gegensatz von *levem*; dagegen sagt Cic. in der Erwiederung § 63 *viri boni esse miserori.*
exorari 'sich erbitten lassen'.
solos — dicunt, Sätze von der hohen Würde des Weisen, die Horatius verspottet ep. I, 1, 106: *Ad summam sapiens uno minor est Iove, dives, liber, honoratus, pulcher, rex denique regum, praecipue sanus, nisi cum pituita molesta est.* Vgl. Diog. L. 7, 121: μόνον τε ἐλεύθερον, τοὺς δὲ φαύλους δούλους . . οὐ μόνον δὲ ἐλευθέρους εἶναι τοὺς σοφούς, ἀλλὰ καὶ βασιλέας, τῆς βασιλείας οὔσης ἀρχῆς ἀνυπευθύνου, ἥτις περὶ μόνους ἂν τοὺς σοφοὺς σταίη . . ὁμοίως δὲ καὶ ἀρχικοὺς δικαστικούς τε καὶ ῥητορικοὺς μόνους εἶναι, τῶν δὲ φαύλων οὐδένα.
2. *divites*, s. Cic. Parad. VI, und über *reges* Parad. V.
si servitutem serviant, 'wenn sie im Stand der Sklaverei sich befänden', wie das griech. δουλείαν δουλεύειν, das aber schwerlich ohne adjectivischen Zusatz vorkommt; vgl. Quintil. 7, 3, 26: *qui in servitute est eo iure quo servus, aut, ut antiqui dixerunt, 'qui servitutem servit'.*
4. *fugitivos* für *servos*, aber verächtlich 'schlechte, gemeine Sklaven'; vgl. Parad. V, § 36 ff.
exules 'heimatlose'.
5. *peccata esse paria*, s. Diog. L. 7, 120: ἀρέσκει δὲ αὐτοῖς ἴσα ἡγεῖσθαι τὰ ἁμαρτήματα . . εἰ γὰρ ἀληθὲς ἀληθοῦς μᾶλλον οὐκ ἔστιν, οὐδὲ ψεῦδος ψεύδους, οὕτως οὐδὲ ἀπάτη ἀπάτης οὐδὲ ἁμάρτημα ἁμαρτήματος. Vgl. Parad. III.
7. *nihil opinari* 'wähnen, vermuthen', was auf blossem Gefühl, nicht auf sicherem Erkennen oder Wissen beruht, s. Diog. L. 7, 121: ἔτι δὲ μὴ δοξάσειν τὸν σοφόν, τουτέστι ψευδεῖ μὴ συγκαταθήσεσθαι μηδενί.
9. *auctoribus erud.* der blosse Ablativ, weil nicht die unmittelbare Einwirkung der Personen, sondern die ihrer auctoritas hervorgehoben wird, s. Madv. § 254 A 3.
10. *disputandi causa — vivendi*, Gegensatz von Theorie und Praxis.
11. *petunt a. publicani* sc. a senatu st. *si petunt*, s. Madv. § 442 a, A. 2, ebenso in den kurzen folgenden Sätzen. Als Nachsatz ist zu denken: da wird Cato als Stoiker sagen. Zur Sache vgl. Cic. de off. 3, § 88: *Ego etiam cum Catone meo saepe dissensi: nimis mihi praefracte videbatur aerarium vectigaliaque defendere, omnia publicanis negare, multa sociis* etc. Zwei Jahre später setzte Cato durch, dass ein Gesuch der Publicani um Vermin-

habeat momenti gratia'. Supplices aliqui veniunt miseri et calamitosi: 'sceleratus et nefarius fueris, si quidquam misericordia adductus feceris'. Fatetur aliquis se peccasse et eius delicti veniam petit: 'nefarium est facinus ignoscere'. At leve delictum est:
5 'omnia peccata sunt paria'. Dixisti quippiam: 'fixum et statutum est'. Non re ductus es, sed opinione: 'sapiens nihil opinatur'. Errasti aliqua in re: maledici putat. Hac ex disciplina nobis illa sunt: 'Dixi in senatu me nomen consularis candidati delaturum'. Iratus dixisti. 'Numquam' inquit 'sapiens irascitur'. At temporis
10 causa. 'Improbi' inquit 'hominis est mendacio fallere, mutare sententiam turpe est, exorari scelus, misereri flagitium'. Nostri 63 autem illi — fateor enim, Cato, me quoque in adulescentia diffisum ingenio meo quaesisse adiumenta doctrinae —, nostri, inquam, illi a Platone et Aristotele, moderati homines et temperati,
15 aiunt apud sapientem valere aliquando gratiam: viri boni esse misereri, distincta genera esse delictorum et dispares poenas, esse apud hominem constantem ignoscendi locum, ipsum sapientem saepe aliquid opinari quod nesciat, irasci nonnumquam,

derung der Pachtsumme der Einkünfte von Asien zurückgewiesen wurde, was die Ritter bestimmte auf Caesars Partei zu treten.
1. *aliqui* gehört zu *miseri*, worunter besonders *socii* (Provinzialen) zu verstehen sind, die sich au den Senat als *supplices* wenden.
2. *fueris*, nicht Indic. fut. exacti, sondern der modus potentialis = *sis* 'du wärest ein Frevler'.
3. *adductus*, wie § 64 *nullis adductus inimicitiis* und Z. 6 *non re ductus es*. Wie ist davon *inductus* p. 66 Z. 10 verschieden?
4. *at* etc. Wendest du ein, es sei ein leichtes Vergehen, so wird er erwiedern etc.
5. *dixisti quippiam* 'du hast eine Aeusserung gethan', die ein flüchtiger Eindruck kann eingegeben haben.
8. *dixi* 'ich habe erklärt'; vgl. damit Cato's Aeusserung bei Plutarch in der Einl. A. 20.
9. *at temporis causa* sc. ne nomen consularis candidati detuleris 'aber es ist doch den Zeitumständen Rechnung zu tragen'.

11. *nostri illi* sc. magistri, die jüngere akademische Schule, der Cicero's Lehrer angehörten.
13. *adiumenta doctrinae*, Stützen, welche die doctr. gewährt, unser 'Ausbildung durch Unterricht'.
14. *illi a Platone*, Nachbildung des griech. Ausdrucks οἱ ἀπὸ Πλάτωνος, 'die Anhänger des Pl. und Arist.', d. h. die Akademiker und Peripatetiker. Gewöhnlicher im Relativ mit *esse*, z. B. de finn. b et m. IV, § 7: *Zeno et ab eo qui sunt*.
16. *et* 'und so, und demnach'.
17. *esse ignoscendi locum* 'es finde ein Verzeihen statt', d. h. er gebe dem Verz. Raum.
18. *quod nesciat* ist vielleicht fremdartiger Zusatz, da man einen Zusatz zu *aliquid opinari* nur in der Form *quod non certum sciat* erwartet hätte, vgl. ep. ad Att. XII, 23, 2: *de Oropo opinor, sed certum nescio*. (Muther vermuthet *quod verum nesciat* als Causalsatz.) Dem *aliquid opinari* der Akademiker steht das Axiom der Stoiker § 61 u. 62 *sapientem nihil opinari* entgegen.

exorari eundem et placari, quod dixerit interdum, si ita rectius sit, mutare, de sententia decedere aliquando: omnis virtutes mediocritate quadam esse moderatas. 31. Hos ad magistros si qua te fortuna, Cato, cum ista natura detulisset, non tu quidem vir melior esses nec fortior nec temperatior nec iustior — neque enim esse potes —, sed paulo ad lenitatem propensior. Non accusares nullis adductus inimicitiis, nulla lacessitus iniuria pudentissimum hominem, summa dignitate atque honestate praeditum; putares, cum in eiusdem anni custodia te atque L. Murenam fortuna posuisset, aliquo te cum hoc rei publicae vinculo esse coniunctum: quod atrociter in senatu dixisti, aut non dixisses aut, si posuisses, mitiorem in partem interpretarere. Ac te ipsum, quantum ego opinione auguror, nunc et animi quodam impetu concitatum et vi naturae atque ingenii elatum et recentibus praeceptorum studiis flagrantem iam usus flectet, dies leniet, aetas mitigabit. Etenim isti mihi videntur vestri praeceptores et virtutis magistri fines officiorum paulo longius, quam natura vellet, protu-

2. *mediocritate quadam* 'durch Einhalten einer rechten Mitte' zwischen zu viel und zu wenig, wie de Off. I, § 89 *numquam iratus qui accedet ad poenam, mediocritatem illam tenebit, quae est inter nimium et parum*. Aristoteles lehrt, dass jede Tugend in der Mitte zwischen zwei Lastern stehe, z. B. die Tapferkeit zwischen der Tollkühnheit und Furcht.
3. *esse moderatas* erklärt man 'bedingt seien', ein Begriff der kaum in dem Worte liegen kann. Ist die Lesart richtig, so wird man zu erklären haben: 'alle wahren Tugenden seien durch Einhalten einer rechten Mitte gemässigt oder geregelt'. Aber richtiger scheint die Verbesserung *esse moderandas*.
4. *tu quidem* s. Madv. § 489 b.
7. *pudentissimum* 'von hohem Ehrgefühl'.
8. *dignitate* 'Würdigkeit'.
9. *te* als Volkstribunen.
11. *in senatu dixisti*, s. § 62.
12. *posuisses*, zum Wechsel für *dixisses* (um die Kakophonie zu vermeiden) im Sinne von 'aufstellen, vorbringen, äussern'.
interpretarere, würdest ihm eine mildere Deutung geben, dass z. B. die ausgesprochene Drohung nicht buchstäblich zu verstehen und somit nicht bis auf alle Consequenzen durchzuführen sei.
quantum auguror, wie de Orat. I, § 95 *quantum auguror coniectura*.
13. *animi quodam impetu* 'durch eine Art von leidenschaftlichem Ungestüm', vom Feuereifer gesagt, welcher junge Männer bei sittlicher Entrüstung zu ergreifen und hinzureissen pflegt; *vi naturae atque ingenii* 'durch die dir angeborne geistige Energie'.
15. *iam* 'nachgerade'.
17. *fines — consisteremus.* Cic. sagt: Die Stoiker haben in richtiger Erkenntniss der menschlichen Schwäche, die hinter einem gesteckten Ziele zurückzubleiben pflegt, mehr als nöthig verlangt, damit wir, wenn wir auch nicht das höchste Ideal erreichten, es doch so weit brächten als in der Ordnung wäre (*ubi oporteret*), d. h. damit wir wenigstens nicht diesseits

lisse, ut, cum ad ultimum animo contendissemus, ibi tamen, ubi oporteret, consisteremus. 'Nihil ignoveris' : immo aliquid, non omnia. 'Nihil gratiae causa feceris' : immo resistito gratiae, cum officium et fides postulabit. 'Misericordia commotus ne sis' : etiam, 5 sed tamen est laus aliqua humanitatis. 'In sententia permaneto' : vero, nisi sententia alia vicerit melior. Huiusce modi Scipio ille fuit, 66 quem non paenitebat facere idem, quod tu : habere eruditissimum hominem Panaetium domi, cuius oratione et praeceptis, quamquam erant eadem ista, quae te delectant, tamen asperior non 10 est factus, sed, ut accepi a senibus. lenissimus. Quis vero C. Laelio comior? quis iucundior, eodem ex studio isto? quis illo gravior, sapientior? Possum de L. Philo, de C. Gallo dicere haec

der Grenzen des Pflichtmässigen zurückblieben.
1. *ad ultimum* 'nach dem äussersten Ziel'.
3. *gratiae causa* 'aus persönlicher Gunst', um dich andern gefällig zu erweisen.
resistito gratiae 'dem Gefälligsein', d. i. aller persönlichen Gunsterweisung.
4. *etiam* in der Antwort 'allerdings, ganz recht', wie Plin. epist. 6, 2, 8 : *At quaedam supervacua dicuntur. Etiam, sed satius est et haec dici quam non dici necessaria.* Cic. Acad. II, § 104 : *ut sequens probabilitatem . . aut 'etiam' aut 'non' respondere possit* 'mit ja oder nein antworten'. Statt *etiam* heisst es sogleich in der nächsten Antwort *vero*.
6. *Scipio*, der jüngere Africanus.
7. *quod tu*. Cato brachte den sehr bejahrten Stoiker Athenodorus Cordylion aus Pergamum nach Rom und nahm ihn in sein Haus auf, s. Plut. Cat. 10 u. 16.
8. *Panaetium* aus Rhodus, den angesehensten Stoiker seiner Zeit, dessen Werk über die Pflichten Cicero dem seinigen zu Grunde gelegt hat; vgl. Vell. Pat. I, 13 : *Scipio tam elegans liberalium studiorum omnisque doctrinae et auctor et admirator fuit, ut Polybium Panaetiumque excellente ingenio viros domi mili-*

tiacque secum habuerit.
oratione 'Vorträge'.
10. *accepi a senibus.* Da Scipio 129 ermordet wurde und Cicero 106 geboren ist, so konnte er sehr wohl alte Leute gesprochen haben, die den Scipio in ihrer Jugend gekannt hatten. Sonst wird *accipere* in der Regel von einer aus Tradition empfangenen Kunde gebraucht. Zu *sed — lenissimus* ist aus *est factus* das allgemeinere Verbum *erat*, das vielleicht ausgefallen ist, zu ergänzen; denn Cic. kann nicht sagen, dass S. durch die stoische Lehre sehr milde geworden sei, sondern dass er, wiewohl er ein Anhänger dieser Lehre wurde, seine milde und humane Gesinnung bewahrt habe.
10. *C. Laelius*, der Busenfreund Scipio's und sein politischer Rathgeber, Consul im J. 140, mit dem Beinamen *Sapiens*, auf den Z. 12 angespielt ist. Er war es, der dem Eingang griechischer Wissenschaft in Rom hauptsächlich die Bahn gebrochen hat.
11. *iucundior* 'liebenswürdiger'. *eodem ex studio* 'der doch aus derselben Schule hervorgegangen ist', vgl. § 75. Zu Lehrern in der Philosophie hatte Laelius die Stoiker Diogenes (mit dem Beinamen Babylonius) und Panaetius.
12. *de L. (Furio) Philo*, Consul

eadem, sed te domum iam deducam tuam. Quemquamne existimas Catone proavo tuo commodiorem, communiorem, moderatiorem fuisse ad omnem rationem humanitatis? de cuius praestanti virtute cum vere graviterque diceres, domesticum te habere dixisti exemplum ad imitandum. Est illud quidem exemplum tibi propositum domi, sed tamen naturae similitudo illius ad te magis, qui ab illo ortus es, quam ad unum quemque nostrum pervenire potuit, ad imitandum vero tam mihi propositum exemplar illud est quam tibi. Sed si illius comitatem et facilitatem tuae gravitati severitatique asperseris, non ista quidem erunt meliora, quae nunc sunt optima, sed certe condita iucundius.

32. Quare ut ad id, quod institui, revertar, tolle mihi e causa nomen Catonis, remove auctoritatem, quae in iudiciis aut nihil valere aut ad salutem debet valere: congredere mecum criminibus ipsis. Quid accusas, Cato? quid adfers ad iudicium? quid arguis? Ambitum accusas: non defendo. Me reprehendis, quod idem defendam, quod lege punierim: punivi ambitum, non innocentiam,

136, ebenfalls ein Verehrer griechischer Wissenschaft und einer der gebildetsten Männer seiner Zeit, vgl. Cic. Brut. § 108: *isdem temporibus L. Furius Philus perbene Latine loqui putabatur litteratiusque quam ceteri.*
de C. (Sulpicio) Gallo, Consul im J. 166, als welcher er die Ligurer unterwarf und über sie triumphierte, ausgezeichnet durch seine umfassende wissenschaftliche Bildung, besonders durch seine Kenntnisse in der Astronomie. Berühmt wurde seine Name dadurch, dass er als Kriegstribun des Aemilius Paulus die Mondsfinsterniss in der Nacht vor der Schlacht bei Pydna vorausgesagt hatte.
2. *communiorem* 'herablassender, leutseliger', wie Cic. Cat. M. § 59: *Cyrum minorem . . communem erga Lysandrum atque humanum fuisse.* Nep. Att. 3, 1. *Hic* (Athenis) *autem sic se gerebat, ut communis infimis, par principibus videretur*, und ebenso *communitas* Nep. Milt. 8, 4.
3. *humanitatis*, der Menschlichkeit, die sich in milder Gesinnung ausspricht und den Schwächen anderer Rechnung zu tragen weiss.
6. *sed tamen* leitet zu dem beschränkenden Vordersatz den Gegensatz ein, der in zwei Gliedern coordiniert gegeben ist, während das erste dem zweiten logisch subordiniert erscheint. Wir sagen in anderer Form: indess, wenn dir auch mehr . . zu Theil werden konnte, so ist doch etc.
naturae similitudo illius, Charakterähnlichkeit mit ihm.
7. *ab illo ortus*, Madv. Gr. § 269 Anm.
10. *asperseris*: das Bild aus der Kochkunst von Essenzen, mit denen man Speisen schmackhafter macht; vgl. de Orat. I, § 159: *libandus est etiam ex omni genere urbanitatis facetiarum quidam lepos, quo tamquam sale perspergatur omnis oratio.*
ista, deine Eigenschaften.
13. *nomen Catonis*, wir sagen 'den Namen Cato'.
auctoritatem, persönliches Gewicht.
15. *ipsis*, i. e. aliis remotis 'für sich, allein'.

ambitum vero ipsum vel tecum accusabo, si voles. Dixisti senatus
consultum me referente esse factum: si mercede obviam
candidatis issent, si conducti sectarentur, si gladiatoribus locus tributim, item prandia si vulgo
5 essent data, contra legem Calpurniam factum vi-
deri. Ergo ita senatus si iudicat, contra legem facta haec videri, si
facta sint, decernit, quod nihil opus est, dum candidatus morem ge-
rit; nam factum sit necne, vehementer quaeritur. Sin factum est,
quin contra legem sit, dubitare nemo potest. Est igitur ridiculum, 68
10 quod est dubium, id relinquere incertum: quod nemini dubium
potest esse, id vindicare. Atque id decernitur omnibus postulantibus
candidatis, ut ex senatus consulto neque cuius intersit neque contra
quem sit intellegi possit. Quare doce, a L. Murena illa esse commissa: tum egomet tibi contra legem commissa esse concedam.
15 **33.** 'Multi obviam prodierunt de provincia decedenti'. Eccui autem non proditur revertenti? 'Quae fuit ista multitudo?'
Primum, si tibi istam rationem non possim reddere, quid habet
admirationis, tali viro advenienti, candidato consulari, obviam
prodisse multos? quod nisi esset factum, magis mirandum vi-
20 deretur. Quid? si etiam illud addam, quod a consuetudine non 69
abhorret, rogatos esse multos, num aut criminosum est aut mirandum, qua in civitate rogati infimorum hominum filios prope
de nocte ex ultima saepe urbe deductum venire soleamus, in ea

1. *ambitum ipsum*, einen der
wirklich versucht worden ist.
vel 'nöthigenfalls'.
senatus consultum, welches die
lex Tullia zur Folge hatte; s.
Einl. § 8.
2. *mercede*, wie §§ 70. 73.
3. *gladiatoribus*, s. zu S. 49, 1.
4. *tributim*, s. Einl. § 9 mit A. 29.
7. *decernit* etc. so macht er eine
Verfügung, die von keiner Bedeutung ist, so lange ein Bewerber den
gesetzlichen Bestimmungen nach-
kommt.
10. *quod est dubium* sc. feceritne
Murena contra legem.
11. *id vindicare* 'das bestrafen zu
wollen', neml. eine Uebertretung der
lex de ambitu.
atque 'dazu kommt dass'.
13. *doce — concedam*, wie § 70;
s. über das Asyndeton zur or. Catil.
I, 4, 8.
15. *eccui — revertenti*, dem Sinne
nach so viel als: ist denn aber das
nicht etwas ganz Gewöhnliches?
17. *istam rationem* = istius rei rationem, 'hierüber Rechenschaft'.
quid habet admirationis? 'was
ist dabei zu verwundern?', wie
§ 69 g. E. Aehnlich § 87 *invidiam
habere consulatus ipse nullam potest*,
§ 89 *habet magnum dolorem . . cum
ignominia reverti*; vgl. auch zu § 12.
20. *quid? si . . addam* entspricht
dem *primum* Z. 17.
22. *infimorum h. filios*. Junge
Leute pflegten nach Anlegung der
toga virilis von den Freunden der
Familie zu ihrem ersten Besuche
des Forums (*tirocinium fori*) am
frühen Morgen aus ihrer Wohnung
abgeholt zu werden.
23. *de nocte*, s. zu § 22.

non esse gravatos homines prodire hora tertia in campum Martium, praesertim talis viri nomine rogatos? Quid? si omnes societates venerunt, quarum ex numero multi sedent iudices? quid? si multi homines nostri ordinis honestissimi? quid? si illa officiosissima, quae neminem patitur non honeste in urbem introire, 5 tota natio candidatorum? si denique ipse accusator noster Postumus obviam cum bene magna caterva sua venit, quid habet ista multitudo admirationis? Omitto clientes, vicinos, tribules, exercitum totum Luculli, qui ad triumphum per eos dies venerat; hoc dico, frequentiam in isto officio gratuitam non modo dignitati 10 ullius umquam, sed ne voluptati quidem defuisse. 'At sectabantur multi.' Doce mercede: concedam esse crimen. Hoc quidem remoto, quid reprehendis? 'Quid opus est, inquit, sectatoribus?' 34. A me tu id quaeris, quid opus sit eo, quo semper usi sumus? Homines tenues unum habent in nostrum ordinem aut prome- 15 rendi aut referendi beneficii locum, hanc in nostris petitionibus operam atque adsectationem. Neque enim fieri potest neque postulandum est a nobis aut ab equitibus Romanis, ut suos necessarios adsectentur totos dies, a quibus si domus nostra celebratur, si interdum ad forum deducimur, si uno basilicae 20

---

1. *in campum Martium*, wo man die aus der Provinz zurückkehrenden Beamten zu begrüssen pflegte.
3. *quarum ex numero*, neml. aus der Corporation der *publicani*, welche dem Ritterstand angehörten.
4. *nostri ordinis*, sc. senatorii.
illa officiosissima . . natio 'jene so dienstbeflissene Schaar (Völklein)', wie in Pis. § 55: *sed quid ego numero, qui tibi obviam non venerint? quin dico venisse paene neminem, ne de officiosissima quidem natione candidatorum, cum vulgo essent et illo ipso et multis ante diebus admoniti et rogati.* Da auch an dieser Stelle das *rogari* betont ist, so sicht man, dass solche Gelegenheiten zu grossen Demonstrationen für und wider benutzt worden sind.
5. *non honeste* 'ohne Ehrenbezeigungen'.
8. *exercitum Luculli*, s. § 37.
9. *hoc* 'nur das'.
10. *non modo* 'ich will nicht sagen'.

dignitati, wenn es sich davon handelte den Glanz einer Persönlichkeit zu erhöhen; *sed ne voluptati q.* 'aber auch nicht, um einem ein Vergnügen zu bereiten'.
11. *At sectabantur multi*, sc. ad comitia, der zweite der im SCtum § 67 erwähnten Fälle; s. Einl. A. 28.
12. *doce — concedam*, s. zu c. 32 a. E.
15. *unum locum* 'nur eine Gelegenheit'.
17. *operam* 'Mühewaltung'.
18. *a nobis*, von uns Männern senatorischen Standes, s. Einl. A.
19. *a quibus si* etc. Q. Cic. de petit. cons. § 34: *huius autem rei* (adsectationis) *tres partes sunt: una salutatorum, cum domum veniunt, altera deductorum, tertia adsectatorum*, d. i. solcher, die den Candidaten fortwährend umgaben.
20. *deducimur* sc. candidati; die erste Person also verschieden von *a nobis* Z. 18.
si uno bas. spatio honestamur, wenn sie uns die Ehre erweisen

spatio honestamur, diligenter observari videmur et coli: tenuiorum amicorum et non occupatorum est ista assiduitas, quorum copia bonis viris et beneficis deesse non solet. Noli igitur eri- 71 pere hunc inferiori generi hominum fructum officii, Cato: sine
5 eos, qui omnia a nobis sperant, habere ipsos quoque aliquid, quod nobis tribuere possint. Si nihil erit praeter ipsorum suffragium, tenue est, si tantum suffragantur, nihil valent gratia. Ipsi denique, ut solent loqui, non dicere pro nobis, non spondere, non vocare domum suam possunt. Atque haec a nobis petunt omnia
10 neque ulla re alia, quae a nobis consequuntur, nisi opera sua compensari putant posse. Itaque et legi Fabiae, quae est de numero sectatorum, et senatus consulto, quod est L. Caesare consule factum, restiterunt. Nulla est enim poena, quae possit observantiam tenuiorum ab hoc vetere instituto officiorum exclu-
15 dere. 'At spectacula sunt tributim data et ad prandium vulgo 72 vocati.' Etsi hoc factum a Murena omnino, iudices, non est, ab eius amicis autem more et modo factum est, tamen admonitus re ipsa recordor, quantum hae conquestiones in senatu ha-

---

einen Gang mit uns eine Halle entlang zu machen. Basiliken oder Gerichtsgebäude, die mit ihren Säulenhallen als Spaziergänge dienten (daher das Spottwort *basilicarii*, unser 'Pflastertreter') begrenzten mehrere das Forum.
1. *diligenter observari v. et coli* 'so erkennen wir darin einen Beweis sorgfältiger Aufmerksamkeit und Achtung'.
4. *fructum* 'Genuss, Vergnügen'.
6. *praeter ipsor. suffragium* 'ausser ihrer eigenen Wahlstimme'.
7. *si — gratia*. Der Satz dient, wofern die angenommene Lesart der arg verderbten Stelle zu billigen ist, zur näheren Bestimmung von *tenue est*: 'wenn sie nemlich blos durch ihre Stimme unterstützen, nicht auch persönlichen Einfluss besitzen, um die Stimmen von anderen zu gewinnen.'
8. *denique* 'endlich', um auch das noch anzuführen.
9. *vocare domum s.*, wie p. Rosc. Am. § 52 *domum suam istum non fere quisquam vocabat*. Dafür nach-

her § 72 *ad prandium vocare* (§ 73 *invitare*) und § 74 *ad cenam vocare*.
11. *legi Fabiae*, die nur hier erwähnt wird. Eine Anspielung auf dieselbe findet sich vielleicht, wie W. Rein vermuthet, in der Erzählung bei Plutarch Cat. min. 8: νόμου γραφέντος, ὅπως τοῖς παραγγέλλουσιν εἰς ἀρχὴν ὀνοματολόγοι (*nomenclatores*) μὴ παρῶσι, χιλιαρχίαν μετιών (Cato) μόνος ἐπείθετο τῷ νόμῳ.
12. *senatus consulto*, Einl. A. 26. *L. (Iulio) Caesare*, Consul im J. 64. Es ist nur derjenige Consul genannt, unter dessen Vorsitz die Sache im Senat verhandelt ward. Ueber den Ablativ vgl. de prov. cons. § 44 *Iulias leges et ceteras illo consule rogatas iure latas negant*.
13. *restiterunt*, dem Sinne nach s. v. als 'sie kehrten sich nicht daran'.
15. *spectacula* 'Schauplätze', wie p. Sest. §. 124 *tantus est ex omnibus spectaculis plausus excitatus. vulgo* 'massenweise'.
17. *more et modo* 'nach Brauch und mit Mass', wie p. Scauro § 37:

bitae punctorum nobis, Servi, detraxerint. Quod enim tempus
fuit aut nostra aut patrum nostrorum memoria, quo haec, sive
ambitio est sive liberalitas, non fuerit, ut locus et in circo et in
foro daretur amicis et tribulibus? Haec homines tenuiores ** a
suis tribulibus vetere instituto adsequi   5
73   35. ... praefectum fabrum semel locum tribulibus suis dedisse: quid statuent in viros primarios, qui in circo totas tabernas tribulium causa compararunt? Haec omnia sectatorum,
spectaculorum, prandiorum crimina multitudine invita nimia diligentia, Servi, conlecta sunt: in quibus tamen Murena senatus 10
auctoritate defenditur. Quid enim? senatus num obviam prodire
crimen putat? 'non, sed mercede': convince. num sectari multos? 'non, sed conductos': doce. num locum ad spectandum
dare aut ad prandium invitare? 'minime, sed vulgo'. Quid est
vulgo? 'universos.' Non igitur, si L. Natta, summo loco adule- 15
scens, qui et quo animo iam sit et qualis vir futurus sit videmus, in

nihil more, nihil modo, nihil consi-
derate, contra improbe . . omnia
videtis esse suscepta.
1. *nobis* im vertraulichen Tone, dir
und mir, der ich deine Bewerbung
so eifrig unterstützt habe, s. §. 7.
3. *in foro*, wo damals die Gladiatorenspiele gehalten wurden, s.
Schol. ad div. in Caecil. §. 50 (p. 128
ed. Or.): *Maenius, cum domum ven-
deret Catone et Flacco censoribus,
ut ibi basilica aedificaretur, exceperat ius sibi unius columnae, super
quam tectum proiceret ex provolan-
tibus tabulatis, unde ipse et posteri
eius spectare munus gladiatorium
possent, quod etiam tum in foro
dabatur.*
4. *tribulibus*, den Tribusgenossen des Bewerbers. Aber die Ankläger hatten von *spectacula tributim
data* gesprochen.
Nach *tenuiores* stehen in den
Hdschr. die sinnlosen Worte *nondum qui ea suis* etc., wofür Fr.
Richter versucht hat: *Haec homines tenuiores cum omni tempore
a suis tribulibus vetere instituto
adsequi consuessent,* wozu er sodann als Nachsatz den Gedanken
ergänzt: 'geriethen sie in Unwillen,

dass Sulp. und seine Freunde der-
gleichen im Senat zur Sprache gebracht hatten'. In der Lücke hat
der Redner wahrscheinlich noch
verschiedene Vorwürfe über ein-
zelne Vorgänge berührt.
6. *praefectum fabrum* 'ein Werk-
meister'. Zur Vervollständigung
des Satzes schlug Mommsen die
Ergänzung vor: *Quodsi criminosum
videtur, amicum quendam Murenae.
praefectum fabrum . . dedisse, quid
statuetur* in eo.
7. *totas tabernas* ganze Schaubuden'.
9. *diligentia*, Sorgfältigkeit im
Nachspüren, mit ironischer Fär-
bung, wie p. Ligario § 1; *multitudine invita*, d. h. der grossen
Menge missfiel dieses übertriebene
Spioniren.
10. *sen. auctoritate*, wofür es oben
§ 65 *senatus consultum* heisst.
12. *convince* sc. mercede homines
obviam prodiisse.
13. *num . . dare:* zu diesem Gliede
fehlt wahrscheinlich, wie Campe
richtig bemerkt hat, die Antwort:
non, sed tributim, s. §. 67.
15. *L. Pinarius Natta*, ein Stiefsohn des Murena.
16. *qualis vir futurus sit:* Cice-

equitum centuriis voluit esse et ad hoc officium necessitudinis et
ad reliquum tempus gratiosus, id erit eius vitrico fraudi aut cri-
mini, nec, si virgo Vestalis, huius propinqua et necessaria, locum
suum gladiatoribus concessit huic, non et illa pie fecit et hic a
5 culpa est remotus. Omnia haec sunt officia necessariorum, com-
moda tenuiorum, munia candidatorum.

At enim agit mecum austere et stoice Cato: negat verum 74
esse allici benevolentiam cibo, negat iudicium hominum in ma-
gistratibus mandandis corrumpi voluptatibus oportere. Ergo, ad
10 cenam petitionis causa si quis vocat, condemnetur? 'Quippe'
inquit; 'tu mihi summum imperium, tu summam auctoritatem, tu
gubernacula rei publicae petas fovendis hominum sensibus et
deleniendis animis et adhibendis voluptatibus? Utrum lenocinium, inquit, a grege delicatae iuventutis an orbis terrarum im-
15 perium a populo Romano petebas?' Horribilis oratio, sed eam

ro's gute Erwartungen sind nicht
in Erfüllung gegangen; denn dieser
L. Natta war es, der später, als er
eben in das Collegium der Pontifices eingetreten war, als Schwager
des Clodius sich dazu hergab, zur
Niederreissung des Hauses Cicero's
mitzuwirken, s. Cicero de domo sua
c. 45 u. 52.
1. *voluit esse .. gratiosus* 'sich
beliebt machen wollte', durch einen
den Rittern gegebenen Schmaus. Man
sieht übrigens, dass Cic. in seiner Ent-
gegnung nichts mehr zu sagen weiss,
als dass diese Bewirthung kein *vulgo invitare* gewesen sei, als ob
sonst keine Einladungen erfolgt
wären.
officium necessitudinis, das ihm
seine Stellung als Stiefsohn auf-
erlegte, neml. die Ritter seinem vi-
tricus geneigt zu machen; beigesetzt ist *et ad reliquum tempus*,
damit es nicht scheine, als habe
Natta blos um Murena's Willen ein
Banket gegeben.
2. *fraudi* 'zum Schaden, Nach-
theil', wie p. Rosc. Am. § 49.
3. *huius propinqua*, also wahrscheinlich eine *Licinia*, sonst unbekannt.
locum suum. Zu den Vorrech-

ten der Vestalinen gehörte auch,
dass sie bei allen öffentlichen Spielen einen Ehrenplatz einnahmen.
4. *gladiatoribus*, s. zu § 67.
6. *munia* = munera 'Leistungen', wie p. Sest. § 138, aber bei
Cic. sehr selten.
7. *verum* = iustum, daher in
Verbindung mit *rectus*, wie Tusc.
III, § 73: *praeclarum illud est et, si
quaeris, rectum quoque et verum,
ut eos, qui nobis carissimi esse de-
beant, aeque ac nosmet ipsos ame-
mus.*
10. *quippe* 'natürlich, allerdings';
vgl. Cic de fin. b. et m. IV, § 7:
*Ista ipsa, quae tu breviter, regem,
dictatorem, divitem solum esse sapientem, a te quidem apte ac ro-
tunde* (sc. dicta sunt); *quippe: habes enim a rhetoribus.*
11. *tu .. petas*, rhetorischer Conjunctiv = *tibi licebit petere?* Etwas
verschieden der Conjunctiv §. 21.
12. *fovere sensus* 'die Sinne
kitzeln'.
13. *lenocinium* scheint hier im
Sinne von 'Kupplererwerb, Kuppler-
verdienst' gesagt zu sein, also so-
viel als: wolltest du dich bei jun-
gen Wüstlingen als Kuppler em-
pfehlen?

usus, vita, mores, civitas ipsa respuit. Neque tamen Lacedaemonii, auctores istius vitae atque orationis, qui cotidianis epulis in robore accumbunt, neque vero Cretes, quorum nemo gustavit umquam cubans, melius quam Romani homines, qui tempora voluptatis laborisque dispertiunt, res publicas suas retinuerunt: 5 quorum alteri uno adventu nostri exercitus deleti sunt, alteri nostri imperii praesidio disciplinam suam legesque conservant. 36. Quare noli, Cato, maiorum instituta, quae res ipsa, quae diuturnitas imperii comprobat, nimium severa oratione reprehendere. Fuit eodem ex studio vir eruditus apud patres nostros et 10 honestus homo et nobilis, Q. Tubero. Is, cum epulum Q. Maximus P. Africani patrui sui nomine populo Romano daret, rogatus est a Maximo, ut triclinium sterneret, cum esset Tubero eius-

1. *civitas ipsa* 'der Geist des römischen Bürgerthums'.
neque tamen etc., beschränkende Bemerkung zu vorausgehenden Erörterung: indes haben die Lac. und Kreter trotz ihrer starren Grundsätze doch ihre politische Freiheit nicht zu bewahren vermocht.
2. *cotidianis epulis*, bei den sogenannten Phiditien; *in robore* 'auf hartem Holze', ἐπὶ κλιντηρίου ψιλοῦ, wie es bei Athenaeus IV, 20 heisst, d. h. auf einer Lehne, die aller Unterlage entbehrte.
3. *neque vero* steigernd, 'noch gewiss auch', d. i. hier 'noch weniger'.
gustavit 'einen Bissen genossen hat'; *cubans*, sondern sitzend, welche Sitte des heroischen Zeitalters die Kreter beibehalten haben; vgl. Athen. IV, 22 : *Πυργίων δ' ἐν τρίτῳ Κρητικῶν νόμων 'ἐν τοῖς συσσιτίοις, φησὶν, οἱ Κρῆτες καθήμενοι συσσιτοῦσι*'. Auch in Rom sass man in alten Zeiten beim Mahle, bis die behaglichere Sitte des Liegens (*accubare*) aufkam.
6. *alteri*, die Kreter, die Q. Caecilius Metellus Creticus unterworfen hat; s. Momms. R. G. III, 73 f. (3).
deleti hyperbolisch st. *devicti*.
7. *conservant*. Nach der Vernichtung des achäischen Bundes geriethen zwar auch die Lacedämonier in Abhängigkeit von Rom, verblieben aber frei; s. Strabo VIII, p. 365: *καταλυθέντων δὲ τούτων* (der Könige von Macedonien) *ὑπὸ Ῥωμαίων, μικρὰ μέν τινα προσέκρουσαν τοῖς πεμπομένοις ὑπὸ Ῥωμαίων στρατηγοῖς τυραννούμενοι τότε καὶ πολιτευόμενοι μοχθηρῶς, ἀναλαβόντες δὲ σφᾶς ἐτιμήθησαν διαφερόντως καὶ ἔμειναν ἐλεύθεροι, πλὴν τῶν φιλικῶν λειτουργιῶν* (d. i. freundschaftlichen Leistungen) *ἄλλο συντελοῦντες οὐδέν*.
9. *comprobat* 'als gut bewährt'.
10. *eodem ex studio*, s. z. §. 66.
11. Q. *Aelius Tubero*, ein Enkel des L. Aemilius Paulus von seiner Tochter Aemilia und ein Schüler des Panaetius, der die Strenge und Schroffheit der stoischen Schule auch im praktischen Leben bewährte; s. Cic. Brutus 31, 117 f.
epulum, einen Leichenschmaus.
Q. *Fabius Maximus Allobrogicus*, Consul 121, ebenfalls ein Enkel des L. Aemilius Paulus. Der eine von den Söhnen des Aemilius war in die *gens Fabia*, ein anderer, der so berühmt gewordene Africanus minor, in die *Cornelia* durch Adoption übergegangen.
12. *nomine*, d. i. zu Ehren.
13. *triclinium sterneret*, wozu ausser der Belegung der lecti auch

PRO L. MURENA c. 36. § 75. 76.

dem Africani sororis filius. Atque ille, homo eruditissimus ac Stoicus, stravit pelliculis haedinis lectulos Punicanos et exposuit vasa Samia, quasi vero esset Diogenes Cynicus mortuus et non divini hominis Africani mors honestaretur: quem cum supremo
5 eius die Maximus laudaret, gratias egit dis immortalibus, quod ille vir in hac re publica potissimum natus esset; necesse enim fuisse, ibi esse terrarum imperium, ubi ille esset. Huius in morte celebranda graviter tulit populus Romanus hanc perversam sapientiam Tuberonis. Itaque homo integerrimus, civis optimus, 76
10 cum esset L. Paulli nepos, P. Africani, ut dixi, sororis filius, his haedinis pelliculis praetura deiectus est. Odit populus Romanus privatam luxuriam, publicam magnificentiam diligit; non amat profusas epulas, sordes et inhumanitatem multo minus. Distinguit rationem officiorum ac temporum, vicissitudinem laboris ac
15 voluptatis. Nam quod ais ulla re allici hominum mentes opor-

die Ausstattung der Speisetische gehörte.
2. *pelliculis haedinis* statt mit kostbaren Decken und Polstern (*vestis stragula*); das Deminutiv verächtlich 'mit lumpigen Ziegenfellen', ebenso sogleich *lectulos*.
lectulos Pun. d. i. hölzerne Bänke nach punischer Art, die als *lecti* gelten sollten; vgl. Seneca epist. 95 § 72: (*proderit dicere*) *Tuberonis ligneos lectos, cum in publicum sternerent, haedinasque pro stragulis pelles et ante ipsius Iovis cellam adposita conviviis vasa fictilia*.
3. *vasa Samia*, i. e. fictilia statt von Silber oder Bronze; vgl. Auct. ad Herenn. IV, § 64: *tametsi hospites habeo, tamen utatur* (*argento*), *nos Samiis delectabimur*.
Diogenes Cyn. aus Sinope, der sich's zur Aufgabe gestellt hatte zu zeigen, wie wenig der Mensch bedürfe.
et non 'und nicht vielmehr'.
4. *supremo eius die*, am Tage seiner Bestattung, wie p. Mil. § 86: *spoliatus illius supremi dici celebritate*.
5. *laudaret*, d. i. die Leichenrede hielt, was auf dem Forum geschah, wo der Leichenzug vor den Rostra Halt machte und ein Sohn oder Verwandter des Verstorbenen die Rednerbühne bestieg, um ihm die Leichenrede (*laudatio*) zu halten.
11. *praetura deiectus est*, wie Verr. Act. I, § 23: *si me aedilitate deiecissent*.
odit — diligit von Quintil. 9, 3, 82 als Beispiel der Figur der *distinctio* angeführt.
13. *inhumanitatem* 'Mangel an Lebensart, unfeine L.'
distinguit rationem etc., es unterscheidet zwischen Pflichten und Zeitverhältnissen, d. h. es weiss, wo strenge Einhaltung der Pflicht und wo Berücksichtigung der Zeitumstände am Platze ist; *vicissitudinem laboris ac voluptatis*, d. i. es kennt einen Wechsel zwischen Arbeit und Vergnügen. Da jedoch dieser Gemeinplatz hier mit dem vorausgehenden in keiner rechten Beziehung steht, so mag es wohl der Fall sein, dass in ihm ein fremdartiger Zusatz (entnommen aus § 74 *Romani homines qui tempora voluptatis laborisque dispertiunt*) vorliege. Auch das folgende *Nam quod ais* schliesst passender an *sordes — multo minus* an. (Klotz schreibt: *distinguit ratione officiorum ac tem-*

terre ad magistratum mandandum nisi dignitate, hoc tu ipse, in
quo summa est dignitas, non servas. Cur enim quemquam, ut
studeat tibi, ut te adiuvet, rogas? Rogas tu me, ut mihi praesis,
ut committam ego me tibi? Quid tandem? istuc me rogari
oportet abs te an te potius a me, ut pro mea salute laborem pe- 5
77 riculumque suscipias? Quid, quod habes nomenclatorem? in eo
quidem fallis et decipis. Nam si nomine appellari abs te civis
tuos honestum est, turpe est eos notiores esse servo tuo quam
tibi. Sin etiam cum noris, tamen per monitorem appellandi
sunt, cur ante petis, quam nomen citavit? aut quid admoneris, si 10
tamen, quasi tute noris, ita salutas? Quid quod, posteaquam es
designatus, multo salutas neglegentius? Haec omnia ad rationem civitatis si derigas, recta sunt: sin perpendere ad disciplinae
praecepta velis, reperiantur pravissima. Quare nec plebi Romanae eripiendi fructus isti sunt ludorum, gladiatorum, convivio- 15

---

porum vicissitudinem laboris etc.,
allerdings besser, als wie die Stelle
in der Ueberlieferung lautet.)
3. *rogas tu me,* s. zu §. 45; *ut
mihi praesis* sc. als magistratus =
ut tibi liceat mihi praeesse.
6. *nomenclatorem.* Die Candidaten pflegten auf dem Forum die
einzelnen Bürger bei der Hand zu
fassen (*prensare*), um ihre Stimme
zu erbitten, wobei man den Bürger
bei seinem Namen anzureden hatte.
Zu diesem Behufe waren die Candidaten von einem Sklaven begleitet,
der die ausgedehnteste Personal-
kenntniss hatte und dem Candidaten
die Namen der Bürger bei der *prensatio* zuflüsterte. In der zu S. 73,
11 aus Plutarch beigebrachten Stelle
wird ausdrücklich erwähnt, dass
Cato sich bei der Bewerbung um
das Kriegstribunat keines Nomen-
clators bedient habe.
9. *Sin* etc. Dieser Satz und die
zwei folgenden sind in den Handschriften in so heillos verderbter
Gestalt überliefert, dass bei der auf-
genommenen Lesart weder die Rich-
tigkeit des Gedankens (besonders
in den W. *Sin — citavit*) noch des
Ausdrucks verbürgt werden kann.

10. *petis* 'bringst deine Bewerbung vor', wenn nicht *prendis* (*pren-
sas*) zu schreiben ist.
11. *Quid quod* etc. 'was soll ich
erst von der weiteren Unredlichkeit
sagen dass du' etc. Uebrigens ist es
klar, dass alles was hier Cic. sagt
nur Scherz ist und den Cato nur
insofern angieng, als auch er sich
um Aemter beworben hat.
12. *ad rat. civitatis si derigas*
'wenn man es nach dem Masstab
der bürgerlichen Verhältnisse be-
messen will', d. h. dabei ins Auge
fasst, was einmal nach unseren bürgerlichen Sitten herkömmlich und
erforderlich ist.
13. *disciplinae* 'der Schule'.
14. *reperiantur*, Conjunctiv der
gemilderten Behauptung. Zur S che
vgl. was der Redner L. Crassus on
sich bei Cic. de orat. I, § 112 .r-
zählt: *equidem cum peterem magistratum, solebam in prensando
dimittere a me Scaevolam, cum ita
ei dicerem, me velle esse ineptum, id
erat, petere blandius, quod nisi
inepte fieret, bene non posset fieri.*
15. *ludorum,* die sowohl die Spiele
im Circus als die Schauspiele um-
fassten; für die Gladiatorenspiele

rum, quae omnia maiores nostri comparaverunt, nec candidatis ista benignitas adimenda est, quae liberalitatem magis significat quam largitionem.

37. At enim te ad accusandum res publica adduxit. Credo, Cato, te isto animo atque ea opinione venisse, sed tu imprudentia laberis. Ego quod facio, iudices, cum amicitiae dignitatisque L. Murenae gratia facio, tum me pacis, otii, concordiae, libertatis, salutis, vitae denique omnium nostrum causa facere clamo atque testor. Audite, audite consulem, iudices, nihil dicam adrogantius, tantum dicam, totos dies atque noctes de re publica cogitantem! Non usque eo L. Catilina rem publicam despexit atque contempsit, ut ea copia, quam secum eduxit, se hanc civitatem oppressurum arbitraretur. Latius patet illius sceleris contagio, quam quisquam putat, ad plures pertinet. Intus, intus, inquam, est equus Troianus, a quo numquam me consule dormientes opprimemini. Quaeris a me, ecquid ego Catilinam metuam. Nihil, et curavi ne quis metueret, sed copias illius, quas hic video, dico esse metuendas; nec tam timendus est nunc exercitus L. Catilinae quam isti, qui illum exercitum deseruisse dicuntur. Non enim deseruerunt, sed ab illo in speculis atque in insidiis relicti in capite atque in cervicibus nostris restiterunt. Hi et integrum consulem et bonum imperatorem, et natura et

war der technische Ausdruck *gladiatorum* (*gladiatoria*) *munera*, auch schlechtweg *munera*.
1. *comparaverunt*, wofür man *comprobaverunt* vermuthet hat, = instituerunt: so öfters von der Einführung einer Sitte, wie Auct. ad Her. IV, § 24: *bene maiores nostri hoc comparaverunt, ut neminem regem, quem armis cepissent, vita privarent.*
4. *res publica*, die Rücksicht auf das Staatsinteresse.
5. *isto animo atque ea opinione* 'in dieser Gesinnung und der darauf begründeten Meinung'. Ueber die Wiederaufnahme eines demonstrat. Pronomens durch *is* vgl. Nägelsb. lat. Stil. § 93, 1.
imprudentia laberis, indem gerade das Gegentheil von dem, was du meinst, im Staatsinteresse liegt, neml. Murena's Freisprechung, da-

mit eine neue Wahl verhütet werde.
10. *tantum* 'nur so viel', s. § 34 und § 69 *hoc dico*.
12. *ut — arbitraretur* 'dass er hätte glauben sollen'.
14. *quam quisquam*, s. zu S. 65, 3.
15. *dormientes*, wie die Trojaner.
18. *nec tam timendus est*, was weiter ausgeführt ist or. in Catil. II, 3, 5 ff.
20. *dicuntur*, was jedoch eine Tendenzlüge ist, um unsere Wachsamkeit einzuschläfern.
21. *in capite* etc. 'sind drohend über unserem Haupt und Nacken zurückgeblieben'. Vgl. Sall. Hist. fr. II, 96 (ed. Dietsch): *hostisque in cervicibus iam Italiae agentis ab Alpibus in Hispaniam submovi.*
22. *natura* 'Charakter'. *fortuna* 'sociale Stellung', indem solche, die sich in glücklichen Verhältnissen befinden, keine Freunde von Revo-

fortuna cum rei publicae salute coniunctum, deici de urbis praesidio et de custodia civitatis vestris sententiis deturbari volunt. Quorum ego ferrum et audaciam reieci in campo, debilitavi in foro, compressi etiam domi meae saepe, iudices, his vos si alterum consulem tradideritis, plus multo erunt vestris sententiis 5 quam suis gladiis consecuti. Magni interest, iudices, id quod ego multis repugnantibus egi atque perfeci, esse Kalendis Ianuariis in re publica duos consules. Nolite arbitrari, mediocribus consiliis aut usitatis viis aut..; non lex improba, non perniciosa largitio, non auditum aliquando aliquod malum rei publicae quae- 10 ritur; inita sunt in hac civitate consilia, iudices, urbis delendae, civium trucidandorum, nominis Romani exstinguendi. Atque sic cives, cives inquam, si eos hoc nomine appellari fas est, de patria sua et cogitant et cogitaverunt. Horum ego cotidie consiliis occurro, audaciam debilito, sceleri resisto, sed moneo, iudices: 15 in exitu iam est meus consulatus: nolite mihi subtrahere vicarium meae diligentiae, nolite adimere eum, cui rem publicam cupio tradere incolumem ab his tantis periculis defendendam.

38. Atque ad haec mala, iudices, quid accedat aliud, non

---

lutionem zu sein pflegen; s. §. 83: *fortuna constitutum ad amplexandum otium.*
3. *in campo*, s. § 52.
4. *domi meae saepe*, mit Bezug auf das versuchte Attentat des C. Cornelius und L. Vargunteius, s. Sall. Cat. 28. Cic. in Cat. I, § 9. Von früheren Versuchen der Art spricht Cicero in Cat. I, § 11. 15. u. ö. *his vos si* statt *hi, si vos iis.*
6. *magni interest* etc. vgl. Einl. § 13 u. Cic. p. Flacco § 98: *Defendi item consul L. Murenam, consulem designatum: nemo illorum iudicum clarissimis viris accusantibus audiendum sibi de ambitu putavit, cum bellum iam gerente Catilina omnes me auctore duos consules Kalendis Ianuariis scirent esse oportere.*
7. *egi* 'betrieben habe', indem ich die Comitien nicht weiter hinausschieben liess und ihren ungestörten Verlauf durch starke Bedeckung sicherte.
8. *mediocribus* 'gewöhnliche, nicht sonderlich gefährliche', wie in

Cat. II, § 10: *non enim iam sunt mediocres hominum libidines, non humanae ac tolerandae audaciae: nihil cogitant nisi caedes* etc.
9. *aut*.. Aus der so eben beigebrachten Stelle der or. II in Cat. ergänzt Fr. Richter passend so die Lücke: *aut humana ac toleranda audacia ab istis desperatis hominibus agi.* Auch sonst stellt Cic. *humanus* und *usitatus* zusammen, wie Verr. II, 3, 9. III, 97, 224. V, 44, 117.
10. *quaeritur* 'es ist abgeseh n auf'.
15. *moneo*: das Object folgt kräftiger in direkter Anführg: *in exitu est.*
17. *diligentiae* 'Wachsamke.'.
18. *incolumem*, wovon *ab his periculis* abhängig ist, gehört zu *defendendam*; vgl. p. Planc. § 12: *equestrem splendorem incolumem a calamitate iudicii retinere.*
19. *quid*: richtiger scheint *quod* mit Ergänzung von *malum. non*: wie von dem sogleich folgenden *nonne* verschieden?

videtis? Te, te appello, Cato: nonne prospicis tempestatem anni tui? Iam enim in hesterna contione intonuit vox perniciosa designati tribuni, collegae tui, contra quem multum tua mens, multum omnes boni providerunt, qui te ad tribunatus petitionem vocaverunt. Omnia, quae per hoc triennium agitata sunt, iam ab eo tempore, quo a L. Catilina et Cn. Pisone initum consilium senatus interficiendi scitis esse, in hos dies, in hos menses, in hoc tempus erumpunt. Qui locus est, iudices, quod tempus, 82 qui dies, quae nox, cum ego non ex istorum insidiis ac mucronibus non solum meo, sed multo etiam magis divino consilio eripiar atque evolem? Neque isti me meo nomine interficere, sed vigilantem consulem de rei publicae praesidio demovere volunt; nec minus vellent, Cato, te quoque aliqua ratione, si possent, tollere, id quod, mihi crede, et agunt et moliuntur. Vident, quantum in te sit animi, quantum ingenii, quantum auctoritatis, quantum rei publicae praesidii: sed cum consulari auctoritate et auxilio spoliatam vim tribuniciam viderint, tum se facilius inermem et debilitatum te oppressuros arbitrantur. Nam ne sufficiatur consul, non timent: vident in tuorum potestate collegarum fore, sperant sibi Silanum, clarum virum, sine collega, te sine

1. *anni tui*, sc. tribunicii.
2. *designati tribuni*, des Q. Metellus Nepos, der den Cic. daran hinderte, bei Niederlegung des Consulats der Sitte gemäss zum Volk zu reden, vgl. ep. ad Fam. 5, 2, 7: *ille .. pridie Kal. Ian., qua iniuria nemo umquam in minimo magistratu improbissimus civis adfectus est, ea me consulem adfecit .. atque abeuntem magistratu contionis habendae potestate privavit*. Später jedoch hat sich Cic. mit Metellus Nepos wieder ausgesöhnt.
4. *multum providerunt*, wie de l. agr. II, § 91 *multum in posterum providerunt*.
ad trib. petitionem vocaverunt. Nach Plut. Cat. 20 war Cato besonders deshalb als Bewerber aufgetreten, um den gefährlichen Plänen des Metellus Nepos entgegen zu wirken: ἑσπέρας δὲ ἐλθὼν (ἐξ ἀγροῦ εἰς τὴν πόλιν) εὐθὺς ἔωϑεν εἰς ἀγορὰν κατέβαινε δημαρχίαν μετ-

ιὼν ὡς ἀντιταξόμενος πρὸς τὸν Μέτελλον.
6. *a L. Catilina et Cn. Pisone* etc., die erste Verschwörung zu Ende d. J. 66, die am 1. Jan. 65 zum Ausbruch kommen sollte, s. Momms. R. G. III, 164 f. (3) und Einl. zu den Catil. § 5.
7. *in hoc tempus erumpunt*, wie in Cat. I, § 31: *veteris furoris .. maturitas in nostri consulatus tempus erupit*.
8. *qui locus est* etc. vgl. in Catil. IV, § 2.
9. *cum* (wo) *ego non .. evolem*, s. Madv. § 358 A. 4 und § 365.
11. *meo nomine* 'um meiner Person willen', d. h. weil ihnen meine P. verhasst ist; vgl. *talis viri nomine* § 69.
14. *agunt* 'beabsichtigen, im Schilde führen', *moliuntur* 'schon daran arbeiten'.
20. *fore* sc. hoc, *ne sufficiatur consul*, indem die Tribunen durch

83 consule, rem publicam sine praesidio obici posse. His tantis in rebus tantisque in periculis est tuum, M. Cato, qui mihi non tibi, sed patriae natus esse videris, retinere adiutorem, defensorem, socium in re publica, consulem non cupidum, consulem, quod maxime tempus hoc postulat, fortuna constitutum ad 5 amplexandum otium, scientia ad bellum gerendum, animo et usu ad quod velis negotium.

39. Quamquam huiusce rei potestas omnis in vobis sita est, iudices: totam rem publicam vos in hac causa tenetis, vos gubernatis. Si L. Catilina cum suo consilio nefariorum hominum, 10 quos secum eduxit, hac de re posset iudicare, condemnaret L. Murenam, si interficere posset, occideret. Petunt enim rationes illius, ut orbetur auxilio res publica, ut minuatur contra suum furorem imperatorum copia, ut maior facultas tribunis plebis detur depulso adversario seditionis ac discordiae concitandae. 15 Idemne igitur delecti amplissimis ex ordinibus honestissimi atque sapientissimi viri iudicabunt, quod ille importunissimus gla-
84 diator, hostis rei publicae, iudicaret? Mihi credite, iudices, in hac causa non solum de L. Murenae, verum etiam de vestra salute sententiam feretis. In discrimen extremum venimus : nihil est 20 iam, unde nos reficiamus aut ubi lapsi resistamus. Non solum minuenda non sunt auxilia, quae habemus, sed etiam nova, si

---

ihre Intercession ein Zustandekommen der Comitien verhindern konnten.
D. *Iunium Silanum*, der andere designierte Consul.
te sine consule, da dann auch Silanus sein Amt nicht antreten konnte.
2. *tuum* 'deine Pflicht'.
4. *non cupidum* 'ohne Leidenschaftlichkeit', von ruhigem Charakter; p. Fonteio § 31: *potestis igitur* . . *cupidos moderatis anteferre?*
5. *fortuna*, s. zu § 79.
7. *ad quod velis* = ad quodvis. Die rhetorische Symmetrie macht es wahrscheinlich, dass nach *negotium* ein Verbum, wie z. B. *exsequendum*, ausgefallen ist.
8. *Quamquam* 'freilich, indes'. Uebergang zum *epilogus*.
9. *tenetis* st. des gewöhnlicheren *sustinetis*, wie § 58 *quod* (imperium)

illius opera tenebatur. Vgl. p. Flacco § 94: *quam* (rem p.) *universam in hoc iudicio vestris umeris* . . *iudices, sustinetis*.
10. *si L. Catilina* etc. Die Stelle führt Quintil. 5, 10, 99 als Beispiel dafür an, dass man Beweise auch entnehmen (*duci argumenta*) könne 'non a confessis tantum, sed etiam a fictione, quod Graeci καθ' ὑπόθεσιν vocant'.
cum suo consilio, das im angenommenen Falle ihm au꜡ \ als Richterrath dienen sollte.
12. *rationes* 'Interessen'.
13. *auxilio* sc. consulari.
14. *imperatorum*, als welchen sich Murena bereits bewährt hat, s. § 34.
17. *gladiator*, wie § 50.
21. *resistamus*, wieder zum Stehen kommen, uns wieder aufrichten könnten.

fieri possit, comparanda. Hostis est enim non apud Anienem, quod bello Punico gravissimum visum est, sed in urbe, in foro — di immortales! sine gemitu hoc dici non potest — nonnemo etiam in illo sacrario rei publicae, in ipsa, inquam, curia nonnemo hostis est. Di faxint, ut meus collega, vir fortissimus, hoc Catilinae nefarium latrocinium armatus opprimat, ego togatus, vobis bonisque omnibus adiutoribus, hoc, quod conceptum res publica periculum parturit, consilio discutiam et comprimam! Sed quid tandem fiet, si haec elapsa de manibus nostris in eum annum, qui consequitur, redundarint? Unus si erit consul et is non in administrando bello, sed in sufficiendo collega occupatus, haec iam qui impedituri sint * * Illa pestis immanis, manus importuna Catilinae prorumpet, quae perniciem iam diu bonis omnibus minatur: in agros suburbanos repente advolabit; versabitur in urbe furor, in curia timor, in foro coniuratio, in campo exercitus, in agris vastitas; omni autem in sede ac loco ferrum flammamque metuemus, quae iam diu comparantur. Eadem ista omnia, si ornata suis praesidiis erit res publica, facile et magistratuum consiliis et privatorum diligentia comprimentur.

40. Quae cum ita sint, iudices, primum rei publicae causa, qua nulla res cuiquam potior debet esse, vos pro mea summa et vobis cognita in re publica diligentia moneo, pro auctoritate consulari hortor, pro magnitudine periculi obtestor, ut otio, ut paci, ut saluti, ut vitae vestrae et ceterorum civium consulatis: deinde ego idem vos defensoris et amici officio adductus oro

---

1. *apud Anienem.* Hannibal rückte im J. 211 gegen Rom bis zur Aniobrücke vor, eine deutsche Meile von Rom, um das römische Heer von Capua's Belagerung abzuziehn, s. Momms. R. G. I, 637 (3).
3. *nonnemo*, Madvig § 91, 5 u. § 493 c. Anm.
5. *meus collega*, C. Antonius, der bereits gegen Catilina ausgezogen war.
6. *latrocinium* 'Banditenkrieg'. *togatus* im Gegensatz von *sagatus*, innerhalb der Stadt, wo der Consul kein Imperium hatte.
9. *si haec .. redundarint* 'wenn sich diese Wirrnisse hinüberziehen werden'; vgl. Nägelsb. lat. Stil. § 132, 1.

11. *in sufficiendo collega*, mit der Nachwahl an Murena's Stelle.
12. *haec*, diese dem Staat drohenden Gefahren.
impedituri sint . . In dem Exemplar, aus welchem alle vorhandenen Abschriften der Rede stammen, sind hier ein paar Zeilen ausgefallen. Auch die folgenden Worte (bis *minatur*) sind in lückenhafter und verderbter Gestalt überliefert.
13. *prorumpet*, aus den Gebirgspässen der Appenninen.
16. *vastitas*, wie Verr. IV, § 114: *quae solitudo in agris esset, quae vastitas, quae fuga aratorum, quam inculta, quam relicta omnia.*
18. *suis* 'der gehörigen', deren sie bedarf.

atque obsecro, iudices, ut ne hominis miseri et cum corporis morbo tum animi dolore confecti, L. Murenae, recentem gratulationem nova lamentatione obruatis. Modo maximo beneficio populi Romani ornatus fortunatus videbatur, quod primus in familiam veterem, primus in municipium antiquissimum consulatum attulisset: nunc idem in squalore et sordibus ** confectus, lacrimis ac maerore perditus, vester est supplex, iudices, vestram fidem obtestatur, vestram misericordiam implorat, vestram potestatem ac vestras opes intuetur. Nolite, per deos immortales, iudices, hac eum cum re, qua se honestiorem fore putavit, etiam ceteris ante partis honestatibus atque omni dignitate fortunaque privare. Atque ita vos L. Murena, iudices, orat atque obsecrat, si iniuste neminem laesit, si nullius auris voluntatemve violavit, si nemini, ut levissime dicam, odio nec domi nec militiae fuit, ut sit apud vos modestiae locus, sit demissioni animi perfugium, sit auxilium pudori. Misericordiam spoliatio consulatus magnam habere debet, iudices; una enim eripiuntur cum consulatu omnia: invidiam vero his temporibus

---

1. *corporis morbo.* Es soll zur Erweckung des Mitleids dienen, dass Mur. wenn auch körperlich leidend sich doch vor Gericht eingefunden hat, weil nach der neuen lex Tullia Krankheit nicht mehr als Grund für Aufschiebung eines Processes dienen konnte, s. § 47.
3. *ne . . obruatis*: wir sagen in anderer Form: ich beschwöre euch es nicht dahin kommen zu lassen, dass die dem M. jüngst gewordenen Glückswünsche durch unerwartetes (*nova*) Wehklagen übertäubt (erstickt) werden.
5. *in familiam veterem*, s. § 15. *in municipium*, Lanuvium § 90.
6. *in squalore*, Gegensatz zu *maximo beneficio p. R. ornatus*, vgl. zu S. 85, 21.
7. *confectus*: die kleine Lücke etwa mit *corporis doloribus* auszufüllen; vgl. oben Z. 2.
vester est supplex, wie p. Cluent. § 209: *levate hunc aliquando supplicem vestrum.*
10. *hac eum cum re:* die Lesart unsicher; passender scheint Bake's Vermuthung: *hoc eum cum honore, quo* etc.
11. *honestatibus:* das Wort kommt im Plural in dieser Bedeutung nur hier vor; sonst im concreten Sinne, wie or. p. Sest. § 109 *omnes honestates civitatis* 'alle ehrenwerthen Bürger'.
14. *ut levissime dicam* 'um mich aufs gelindeste auszudrücken', d. i. hier um das wenigste zu sagen, wie p. Sest. § 145: *quam* (patriam), *ut levissime dicam, certe texeram.*
15. *ut sit locus* 'möge eine Stätte', d. i. eine Anerkennung fi den. Die Stellung von *ut* ebenso p. Rosc. Am. § 144: *rogat oratque* Roscius) *te, Chrysogone, si nihil e patris fortunis amplissimis in su n rem convertit . ., ut sibi per te liceat* etc. *demissioni animi*, wie Tusc. III, § 14: *veri simile est igitur, in quem cadat aegritudo, cadere in eundem timorem et infractionem quidem animi et demissionem.*
18. *cum consulatu*, nach *spoliatio consulatus* sehr matt, ist wahrscheinlich Zusatz eines Erklärers zu *una.*

habere consulatus ipse nullam potest; obicitur enim contionibus seditiosorum, insidiis coniuratorum, telis Catilinae, ad omne denique periculum atque ad omnem invidiam solus opponitur. Quare qui invidendum Murenae aut cuiquam nostrum sit in hoc 88
5 praeclaro consulatu, non video, iudices: quae vero miseranda sunt, ea et mihi ante oculos versantur et vos videre et perspicere potestis. **41.** Si — quod Iuppiter omen avertat! — hunc vestris sententiis adflixeritis, quo se miser vertet? domumne? ut eam imaginem clarissimi viri, parentis sui, quam paucis ante
10 diebus laureatam in sua gratulatione conspexit, eandem deformatam ignominia lugentemque videat? an ad matrem? quae misera, modo consulem osculata filium suum, nunc cruciatur et sollicita est, ne eundem paulo post spoliatum omni dignitate conspiciat? Sed quid ego matrem eius aut domum appello, quem 89
15 nova poena legis et domo et parente et omnium suorum consuetudine conspectuque privat? Ibit igitur in exilium miser. Quo? ad orientisne partis, in quibus annos multos legatus fuit, exercitus duxit, res maximas gessit? At habet magnum dolorem, unde cum honore decesseris, eodem cum ignominia reverti. An
20 se in contrariam partem terrarum abdet, ut Gallia transalpina, quem nuper summo cum imperio libentissime viderit, eundem lugentem, maerentem, exulem videat? In ea porro provincia quo animo C. Murenam fratrem suum aspiciet! qui huius dolor, qui illius maeror erit, quae utriusque lamentatio! quanta autem
25 perturbatio fortunae atque sermonis, cum, quibus in locis paucis ante diebus factum esse consulem Murenam nuntii litteraeque celebrarint et unde hospites atque amici gratulatum Romam concurrerint, repente existet ipse nuntius suae calamitatis! Quae 90 si acerba, si misera, si luctuosa sunt, si alienissima a mansuetu-

---

invidiam habere, s. zu § 69.
8. *quo se miser vertet?* wahrscheinlich Nachahmung einer de Orat. III, § 214 angeführten Stelle aus einer Rede des C. Gracchus: *Quo me miser conferam? quo vertam? in Capitoliumne? at fratris sanguine madet: an domum? matremne ut miseram lamentantemque videam et abiectam?*
10. *laureatam*, weil der Vater ein *vir triumphalis* war, s. § 11 u. 15.
in sua gratulatione, an seinem Ehrentage, wo er Glückswünsche

für seine Wahl zum Consul erhielt.
14. *ego*, vgl. Seyffert Schol. Lat. I, p. 49 u. 66.
15. *nova poena legis*, Einl. § 9.
21. *summo cum imperio*, als Propraetor, s. § 42. Der Ablativ vertritt die Stelle eines Particips (= *summo imp. praeditum*) im Gegensatz zu *lugentem*, wie oben § 86 *in squalore et sordibus*.
23. *C. Murenam*, Einl. § 4 a. E.
25. *perturbatio*, rhetorisch gehobener Ausdruck st. *permutatio* 'welch betäubender Umschlag'.

dine et misericordia vestra, iudices, conservate populi Romani
beneficium, reddite rei publicae consulem: date hoc ipsius pudori, date patri mortuo, date generi et familiae, date etiam La-
nuvio, municipio honestissimo, quod in hac tota causa frequens
maestumque vidistis. Nolite a sacris patriis Iunonis Sospitae, 5
cui omnes consules facere necesse est, domesticum et suum
consulem potissimum avellere. Quem ego vobis, si quid habet
aut momenti commendatio aut auctoritatis confirmatio mea,
consul consulem, iudices, ita commendo, ut cupidissimum otii,
studiosissimum bonorum, acerrimum contra seditionem, fortis- 10
simum in bello, inimicissimum huic coniurationi, quae nunc rem
publicam labefactat, futurum esse promittam et spondeam.

2. *date hoc ipsius pudori* 'thut
dies um seiner Ehrenhaftigkeit willen', d. h. erweiset diese Rücksicht
seiner E.
4. *in hac tota causa*, während
der ganzen Verhandlung des Processes.
5. *Iunonis Sospitae*, deren Cultus 338 v. Ch. nach Rom übertragen
ward und auch hier zu den angesehensten gehörte.
6. *consules facere* mit Ergänzung von *sacra*, wie im Griech. ἔρ-
δειν, vgl. Cic. de domo sua § 77 *cui
(Larentiae) vos pontifices ad aram
in Velabro facere soletis*. Aus den
Worten *omnes consules* geht hervor, dass die Consuln jährlich ein
feierliches Opfer der Juno Sospita
darbrachten, woraus noch nicht zu
schliessen ist (so Preller, Röm.
Mythol. 246), dass sie zu dessen
Begehung sich nach Lanuvium zu
begeben hatten; denn die Juno Sospita hatte auch in Rom einen Tem-
pel am Forum olitorium und einen
zweiten auf dem Palatin.
suum 'ihr angehörig' als Lands-
mann, von dem ein Opfer ihr besonders gefällig sein musste.

KRITISCHER ANHANG.

§ 1. Quod precatus *Quintil.* 9, 4, 107: Quae deprecatus *libri*[1]) | fidei *Lambinus*: fides *GP* et 4 *Lagg.*, om. rell. | idem precor *Boot*: eadem pr. *libri*

§ 2. idem consulem *Boot*: idem consul ei *codd. fere omnes*

§ 3. Cato *von Halm eingeklammert* | *die Lücke nach* a me una *zuerst von Fr. Richter erkannt* | is potissimum qui *Madvig*: is pot. consul qui *libri*

§ 4. potissimum summo honore *Madvig*: potissimo honore *libri fere omnes* | natura fert *P. Victorius*: natura affert *libri*.

§ 5. tuleram *Bake und Kayser*: tulerim *libri*

§ 6. At (*nach* impediat) *von Wunder zugesetzt*

§ 7. se ferre dixit *Lambinus*: ferme dixit *libri* | ausus es *Halm*: ausus sis *libri*

§ 8. summae mihi superbiae *Bake*: summam mihi s. *libri* | nemini, quibus laboribus ea petieris, eos, cum adeptus sis, deponere *Halm*: nemini sie et si ceperis (sic exceperis, si exceperis *etc.*) eos cum adeptus sis deponere *codd.*[2])

§ 9. nulla superbiae *Boot*: nulla superbiae turpitudo *libri* | industrius quisquam *Gulielmus*: industrius quam *libri*

§ 11. esse *nach* repudiatus *von Lambinus zugesetzt*

§ 13. aut scurrarum aliquod convicium *Halm*: aut scurrarum aliquo conuicio 5 *Lagg.* aut ex scurr. aliquo conuicio *rell. noti*[3]) | quae quamquam voluptatis nomen habent, vitiosa sunt *Sorof*: quae voluptatis nomen habent quamquam uitiosa sunt *libri*

---

[1]) *Es erscheint als eine Halbheit, wenn man aus Quintil.* nur precatus *aufnimmt. Für* Quod precatus *spricht abgesehen davon, dass nur von einer Bitte die Rede ist, schon der äussere Umstand, dass in dem ganz unstatthaften* deprecatus *noch eine Spur des ursprünglichen* Quod *vorliegt. Vgl. auch den Eingang der Rede* cum populo gratias egit: Quod precatus a Iove optimo maximo . . sum *etc.*

[2]) *Es bedarf kaum einer Bemerkung, dass die Vermuthung nur eingesetzt wurde, um die lückenhafte Stelle wenigstens lesbar zu machen.*

[3]) *Die besseren Lagom. Handschriften, in denen* ex *vor* scurrarum *fehlt, haben noch eine Spur des richtigen erhalten; das Verderbniss* aliquo conuicio *ist durch Assimilation an den vorausgehenden Ablativ* ex trivio *entstanden. Dass die Vulg. unhaltbar sei, haben gute Kenner des Cicero, wie Lambin und Ernesti, längst erkannt.*

§ 14. inquam, omnino, iudices *edd. veteres:* inquam omnino iudicio *libri* | dictum in uita proferatur *libri*, *das Glossem von Ernesti entfernt*

§ 15. dignitate a te *Klotz u. Campe:* dignitate *libri*

§ 16. generis sua virtute *Halm:* generis sui uirtute *libri* | fortissimis uiris nouis hominibus sed his recentibus *libri*; *das Glossem von Boot getilgt*

§ 18. locum *nach* primum *von Mommsen zugesetzt* | gradus habet 3 *Lagg.:* gradus habeat *rell.* noti | dignitas autem est *Bake und Halm:* dign. autem sit *libri*

§ 19. grata omnibus *Richter:* grata hominibus *libri*

§ 20. L. Lucullo (*nach* legatus) *von Kayser als Glossem bezeichnet* | huic (*vor* laudis) *von Halm ergänzt*

§ 21. parem *Bake:* pari *libri* | tot annis . . et cum *Quintil.* V, 13, 27: tot annos . . ut cum *libri Tulliani* | tu item fortasse *Orelli:* tu idem f. *libri*

§ 22. potest dubitari *Lambinus:* potest dubitare *libri*

§ 23. iuris (*nach* scientiam) *vielleicht Glossem* | dilexisti *Halm u. Campe:* didicisti *libri* (diligis *Kayser*) | in ista disciplina *Halm:* in illa disciplina *libri*

§ 24. facultas *Boot:* dicendi facultas *libri*

§ 25. diebus discendis *Lag.* 26 *et* 65: d. eliscendis *plerique*, d. ediscendis *vulgo*[4]) | ab ipsis capsis iuris consultorum *Madvig* (*ohne* eorum): ab ipsis causis iuris consultis eorum *libri* | lege possit (*ohne* agi) *libri* | verba quaedam *Niebuhr und Steinmetz:* uerba acaedam (accedam *etc.*) *libri*

§ 26. iure Quiritium *Lambinus:* iureque *libri* | manu consertum *libri*, em. *Lamb.* | conspicio sed haec sed anne *libri*

§ 27. ut . . putarunt *edd. vett.:* ut . . putarent *libri* | post tot annos *Pluygers:* per tot annos *libri*

§ 28. consularis *von Halm in Klammern* | gratia vero m. etiam minus *Halm:* gratiae uero m. etiam minores *libri*

§ 29. sic apud nos videmus *Cobet:* sic nos uidemus *Quintil.* VIII, 3, 79, sic nonnullos uidemus *codd. orationis*

§ 30. ceterae autem *Halm:* ceterae tamen | ad honorem adpositis *Lambinus:* ad h. dispositis *libri*, ad honorem *Bake* | aliquo motu novo *Halm u. Campe:* aliqui motus nouos *libri* | prima ars *Lambinus:* prima res *libri*

§ 31. bellorum clarissimae *Klotz:* b. grauissimae *libri* | rege Antiocho

---

[4]) *Dass in der Lesart der meisten Handschr.* eliscendis *nichts anderes als* discendis *steckt, ist augenscheinlich; die Verwechslung der Buchstaben* cl *und* el *mit* d *ist besonders in jüngeren Handschr. ungemein häufig. Wenn man die Vulg.* singulis diebus ediscendis *erklärt 'dadurch dass er sich die einzelnen Tage merkte', so hat man nicht bedacht, dass in solcher Verbindung ja ein Particip Perfecti nothwendig war.*

Priscian XV, p. 72, 21, *Hertz:* Antiocho (*ohne rege*) *libri* | aequa parta *Kayser und Soroff:* si qua parta *libri*

§ 32. numquam esset profectus *Ernesti:* n. esset cum Scipione prof. *libri* | hunc anteponcs *Halm:* hunc regem nimirum antepones *libri* | pugnax et acer et non rudis *Niebuhr:* pugna exelaceret (execaceret, exacerraret etc.) non rudis *libri*, pugnarum certe non rudis *Richter* | cum bellum invexisset *Niebuhr:* cum bellum inuectum *libri* | spe conatuque *Klotz:* ipse conatuque *codd.*

§ 33. vehementer opes *Halm:* uehementer et opes *libri* | constitisset ed. *Crat.:* extitisset *libri* | ita *nach* provincia *und* et *vor* urbs *von Halm zugesetzt* | et omnes copiae *Lambin:* ut omnes e. *libri* | recrearit *Halm:* renovarit *libri*

§ 34. gessisset tanta gloria *Kayser:* gessisset neque tanta gl. *libri* | Lucullus *in der* ed. Iunt. ergänzt | belli conficiendi negotium *Boot:* belli conficiendum exitum *codd.* | tamen *vor* tantum *von Halm in Klammern* | uita expulit *libri, em. Ernesti* | a Pompeio *von Kayser ergänzt*

§ 35. eundem in reliquis *Ernesti:* eundem reliquis *codd.* | agitationes commutationesque *Kayser:* agitationes commutationes *Quintil. VIII,* 6, 49, agitationesque *codd. orationis* | unus *aus Quintil. eingesetzt*

§ 37. in consulatu multum *Orelli:* in consulatum ut tum, in consulatum (consulatu) tum, in consulatum *libri* | decesserant. exercitum Luculli significat *codd. fere omnes* | idem comitiis *Hotman:* idem comes *libri* | desiderabat *libri, em. Ernesti*

§ 39. delectatione communi *Benecke:* delect. omni *libri*

§ 41. opera militari, militaris *Halm:* militari *fehlt*

§ 42. plene tabularum *Zumpt:* plena catenarum *libri* | ordo totus alienatus . . pars civitatis offensa *Halm:* ordo t. alienus . . pars ciu. offensa est *libri* | et praetore et cousule *Steinmetz:* et praes (*sic*) consule (*vel similiter*) *libri* | Ipsa *Ernesti:* ipse *codd.*

§ 43. Servius *von Kayser,* consulatum *von Halm als Glossem bezeichnet* fortem accusatorem *Campe:* fortem senatorem *libri*

§ 45. Eius modi de candidato rumore *Jeep:* eius modi candidatorum *libri* | ut desertam rem *Halm nach unsicherer Vermuthung:* aut testam rem *libri plerique*

§ 46. consulatus (*nach* petitionem) *von Boot u. Kinkes getilgt* | si (*vor* existimasti) *von Wunder und Cobet zugesetzt*

§ 47. proderat *Ernesti:* proderant *libri* | Quid? (*vor* illa) *von Lambin zugesetzt* | perrogationem *Mommsen:* prerogationem (*oder* prerogationum) *libri meliores,* prorogationem *dett.*

§ 49. secessiones subscriptorum *Soroff:* secessionem (secessione) subscriptorum *codd.* | spes candidatorum obscuriores videri solent *Tischer nach unsicherer Vermuthung:* ipsi candidatorum obscuriores (obscurior ei) uideri solent (solet) *libri* | cum spe consulatus tum collegae *Halm:* cum spe militum collegae *libri*[6])

§ 50. consumpta reparare *Pluygers*

§ 51. *vielleicht* pro rei dignitate | timebant cuncta *Halm*: timebaut cum (qui, cur, tum) *libri*

§ 52. quod cum gladiis in campum deduci Catilinam sciebam *Halm*: quod homines iam tum coniuratos cum gladiis in campum deduci a Catilina sciebam *libri*[7]) | descendi *Boot und Halm* (*in den Add. der Zürcher Ausg.*): descendi in campum *libri*

§ 54. reliquus *Halm*: relictus *libri*

§ 55. ei (*vor* relicta) *Zusatz von Halm* | ab ipso parata *codd. fere omnes*

§ 56. accusare *nach* permotum *von Halm ergänzt* | sodalis filius *C. G. Zumpt*: sodalis filii *libri* | qui cum — tum *Kayser*: qui quamquam — tamen *libri* | nobis videbatur *Campe*: nobilis erat *libri*

§ 57. ci *nach* amicus *von O. Heine zugesetzt*

§ 58. deprecabor *codd. fere omnes* | eximiam vim *Halm*: eximiam uim dignitatem *libri fere omnes*

§ 60. si existimabitur *Bake*: si existimabit *libri* | nolo (*nach* vituperare) *von Boot ergänzt* | accessit his doctrina *Schuetz*: accessit his tot doctrina *libri*, acc. istuc doctr. *Ernesti* | quam veritas aut natura *Lambinus*: quam aut ueritas aut n. *libri*

§ 61. apud imperitam multitudinem *Kayser*: aut in (*oder ohne* in) imperita multitudine *libri* | esse dicunt *von Bake als Glossem erkannt*

§ 62. dixisti quippiam *Manutius*; dixisti quippe iam *libri*

§ 63. fateor enim *Halm*: fatebor enim *libri* | esse moderandas *ed. Veneta a.* 1472

§ 64. aut non dixisses aut, si posuisses, mitiorem *Halm*: aut non dixisses aut seposuisses aut mitiorem *libri*

§ 65. isti mihi *Halm*: isti ipsi mihi *libri plerique* | omnia, nihil *edd. veteres*: omnia immo *libri* | gratiae causa feceris *ed. Crat.*: gratia confeceris (cōfeceris *statt* cāfeceris) | etiam, sed tamen *Halm*: etiam in disso-

---

[6]) *Bei den starken Verwechslungen, welche in dieser Rede vorkommen, ist es wohl denkbar, dass die unpassende Lesart* militum *aus der Abkürzung* cons. tum (*oder* con. tum) *entstanden sei.*

[7]) *Die Ueberlieferung besagt gerade das Gegentheil von dem was erwartet wird. Das Verderbniss ist wahrscheinlich von den Worten* deduci catilinā *ausgegangen;* war daraus einmal deduci a catilina *entstanden, so war ein Subject nothwendig und es wurde das saubere* homines iam tum coniuratos *eingesetzt. Aber unsicher bleibt, ob durch Einfügung dieses Glossems nicht ein (vielleicht etwas verderbter) Ablativ verdrängt wurde, wie z. B.* quod a suis (a sociis) cum gladiis .. deduci Catilinam sciebam.

|uenda seueritate sed tamen *libri* | nisi sententia *Garatoni*: nisi sententiam sententia *libri*

§ 66. L. Philo *Manutius*: L. Philippo *libri*

§ 67. remove *Halm*: remoue praetermitte *plerique* | mercede *Garatoni*: mercede conducti (corrupti) *libri* | locus *Halm und Campe*: uulgo locus *libri* | item *Sorof*: et item *libri* | candidatus *Halm*: candidatis *libri* | factum est *Klotz*: factum sit *libri*

§ 68. id vindicare *Bake*: id iudicare *libri*, id indicare *vulgo* | decedenti. Eccui autem *Bake*: decedenti consulatum petenti. solet fieri. et cui autem *libri*

§ 69. criminosum est *Halm*: criminosum sit *libri*

§ 70. proferendi beneficii *libri*, *em. in ed. Ven.* 1472 | necessarios *Rinkes*: necessarios candidatos *libri*

§ 71. si tantum suffragantur *Halm*: si ut suffragantur *libri*, *wenn nicht mit Manutius der ganze Satz si — valent gratia zu streichen ist.*

§ 73. prandiorum crimina multitudine invita nimia diligentia, Servi, conlecta sunt *Halm und Madvig* (*Adversaria I*, 61): prandiorum item crimina a multitudine in tuam nimiam diligentiam serui coniecta sunt *libri* | Murena senatus *Ernesti*: murena a senatus *libri* | locum s. gladiatoribus *Ursinus und Lambinus*: locum s. gladiatorium *libri*

§ 76. Distinguit — — voluptatis *scheint Interpolation*

§ 77. etiam cum noris *Halm*⁸): etiam noris *libri*, etiam si noris *Lamb.* | cur ante] curam *plerique* | quam nomen citavit *Richter* (*jedoch ohne nomen*): quam incerauit (*oder ähnlich*) *codd.* | aut quid admoneris si tamen *Halm*: aut (ad) quid quod (*oder* quid cum) admoneris tamen *libri* | Quid quod *Bake*: quid *libri*

§ 79. ecquid ego *Bake und Pluygers*: quid ego *libri*

§ 80. atque sic cives *Richter*: atque haec quae (que) si ciues *libri plerique*

§ 81. in (*vor* hesterna contione) *von Halm zugesetzt*

§ 82. interficere *Halm und Richter*: interfici *libri*

§ 83. videris *Halm*: videre quid agatur *libri*⁹)

§ 85. manus (*vor* importuna) *von Halm ergänzt* | prorumpet qua p. r. (po. ro.) minatur *libri plerique*; *der Ergänzungsversuch von Halm* | in

---

⁸) *Die Ergänzung von* cum *scheint, da tamen folgt wiewohl du sie kennst' dem Gedanken entsprechender, und ist, da etiam vorausgeht, nicht kühner als das Lambinische* etiam si noris.

⁹) *Gewöhnlich liest man mit Klotz und Madvig*: natus esse videris, videre quid agatur. *Aber zu* videre quid agatur *passt das folgende Glied nicht. So ist es wahrscheinlicher, dass, nachdem* videre *aus* videris *verderbt war, zu dem in der Luft schwebenden Infinitiv ein Object* (quid agatur) *durch Interpolation ergänzt wurde.*

urbe furor *Halm*: furor *mit Lücke* 8 *bessere Handschr.*. in castris furor *plerique* | diligentia confirmentur *plerique*

§ 86. idem vos *Madvig*: fide in uos 5 *Lagg. meliores*, fidem uel *plerique* | in (*vor* squalore) von *Richter* ergänzt *mit Zeichen einer Lücke vor* confectus] vestram (*vor* misericordiam) *von Halm ergänzt*

§ 87. hac eum cum re *Orelli*: hac cum re *libri* | uos si Murena *libri* | fuit ut sit *Halm*: fuit sit *libri* | demissioni animi *nach Richters Vorgang*[10]: demissis hominibus *libri*, demisso animo *Bake*

§ 89. matrem eius *Halm*: matrem *libri* | fuit, exercitus *Halm*: fuit et exercitus *libri* | sermonis cum (quom) *Halm und Richter*: sermonis quod *libri* | celebrarint *Richter*: celebrassent *libri* | existet *Gulielmus*: excidet *libri*.

[10]) *Richter* blos demissioni.

Verlag der Weidmannschen Buchhandlung (J. Reimer) in Berlin.

Pierer'sche Hofbuchdruckerei. Stephan Geibel & Co. in Altenburg.